中央高校基本科研业
Fundamental Research Fun

现代信息服务业演进机理实证研究

马振萍 韩文英 著

本书汲取了演化经济学、产业经济学的思想，融合运用了计量经济学、系统动力学等现代经济学研究方法，着眼于现代信息服务业演进机理方面的问题，按照渐进的研究思路，对现代信息服务业的演进机理进行了研究，并通过典型案例——北京市现代信息服务业进行了实证研究。

中国财经出版传媒集团
经济科学出版社
Economic Science Press

图书在版编目（CIP）数据

现代信息服务业演进机理实证研究/马振萍，韩文英著．
—北京：经济科学出版社，2019.8
ISBN 978-7-5218-0883-4

Ⅰ.①现⋯ Ⅱ.①马⋯②韩⋯ Ⅲ.①信息服务业-产业发展-研究-中国 Ⅳ.①F719.9

中国版本图书馆 CIP 数据核字（2019）第 202498 号

责任编辑：王 娟 张立莉
责任校对：郑淑艳
责任印制：范 艳

现代信息服务业演进机理实证研究

马振萍 韩文英 著
经济科学出版社出版、发行 新华书店经销
社址：北京市海淀区阜成路甲 28 号 邮编：100142
总编部电话：010-88191217 发行部电话：010-88191522
网址：www.esp.com.cn
电子邮箱：esp@esp.com.cn
天猫网店：经济科学出版社旗舰店
网址：http://jjkxcbs.tmall.com
北京季蜂印刷有限公司印装
710×1000 16 开 9 印张 200000 字
2021 年 12 月第 1 版 2021 年 12 月第 1 次印刷
ISBN 978-7-5218-0883-4 定价：49.00 元
（图书出现印装问题，本社负责调换。电话：010-88191510）
（版权所有 侵权必究 打击盗版 举报热线：010-88191661
QQ：2242791300 营销中心电话：010-88191537
电子邮箱：dbts@esp.com.cn）

前　言

　　作为"绿色产业",现代信息服务业是伴随着全球范围内信息技术和信息产业的革命而发展起来的,具有知识、智力、技术密集以及效益高、增长快、渗透性强的特性。现代信息服务业以其颇具潜力的发展空间和较高的产业价值成为国家战略性新兴产业,对于保持经济增长、促进产业结构调整,具有强劲的拉动和串联作用。同时,建立在高技术、新知识基础上的现代信息服务业,能够创造出新的大量的就业机会,有利于解决当前的就业问题。而从现代信息服务中派生出来的各种信息化业务,又会给人们生活提供更多的便利。因此,在新经济形势下,现代信息服务业的大力发展将会蕴藏新的发展机遇。国内外很多学者已经对现代信息服务业进行了研究,这些研究无疑具有非常宝贵的应用价值和借鉴意义,但多停留在信息服务业发展现状和竞争力这两个层面,这就导致了我国在制定信息服务业政策时缺乏足够的理论支持,无法提出使现代信息服务业可持续健康发展的政策建议。

　　本书汲取了演化经济学、产业经济学的思想,融合运用了计量经济学、系统动力学等现代经济学的研究方法,着眼于现代信息服务业演进机理方面的问题,按照渐进的研究思路,依次从影响因素、自组织演进动力、演进的系统动力学分析、演进周期四个层面对现代信息服务业的演进机理进行了研究,并通过典型案例——北京市现代信息服务业对上述层面进行了实证研究。

　　本书主要包括以下几方面内容。

　　第一,通过我国现代信息服务业的发展现状与发达国家的对比研究,对我国的现代信息服务业的发展历程和现状有了基本了解。

　　第二,定性分析了影响现代信息服务业发展的内外部关键因素,并阐述了这些关键影响因素对现代信息服务业发展的作用。

　　第三,对现代信息服务业系统演进动力进行了剖析。综合运用自组织理论、演化经济学等理论、方法对现代信息服务业的演进条件、演进过程进行了研究,具体得出以下三个主要结论:(1)从整体来说,现代信息服务业的演进过程是有序的、自组织演进过程。(2)运用哈肯模型构建现代信息服务业演进动力方程,定量得出现代信息服务业演进的两个关键外生动力分别为投资和劳动生产率。其中劳动生产率（具体包含技术创新和发展水平）是现代信息服务业演进动力方程中的序参量，这表明现代信息服务业演进的方向是由劳动生产率决定的。(3) 由于现代信息服务业演进的内生动力较难定量描述，同时具有随机的特征，因此，通过定性研究得出其内生动力主要由协同动力和竞争动力来推动。

第四，依据系统动力学的理论和建模方法，模拟现代信息服务业的演进趋势，构建了现代信息服务业演进的因果关系图、系统动力学流图、系统动力学方程。通过 Vensim 软件运行仿真模型，分析仿真结果，发现本书构建的现代信息服务业演进仿真模型能够较为真实地模拟现代信息服务业的实际发展趋势，具有较好的仿真效果。在此基础上给出了针对现代信息服务业演进的五种具体调控方案，并进一步分析了五种调控方案的仿真结果。

第五，采用自组织理论中的逻辑斯谛方程，研究了现代信息服务业的演进周期。依据逻辑斯谛的基本理论，使用 EViews 6.0 软件进行运算和参数估计，证明现代信息服务业演进过程与逻辑斯谛方程模型的特征一致，并应用统计数据揭示了我国现代信息服务业当前正处于孕育期，即增加值缓慢增长的阶段，产业成长速度不高，具有较大的发展动力和增长空间。最后采用相同的研究方法对相关服务业子产业的演进周期进行了实证分析。

第六，以北京市为例，研究了现代信息服务业典型区域的演进。在分析了北京市现代信息服务业发展现状的基础上，依据系统动力学的理论和建模方法，使用 Vensim 软件运行和分析北京市现代信息服务业演进仿真模型，发现本书建立的北京市现代信息服务业演进仿真模型能够较为真实地模拟出北京市现代信息服务业的实际发展趋势。最后采用自组织理论中的逻辑斯谛方程判断出北京市现代信息服务业处于产业成长中的第二阶段（成长期），并进一步判断出其三个子产业所处阶段分别为：北京市信息传输服务业处于第三阶段（成熟期）；北京市信息技术服务业处于第二阶段（成长期）；北京市信息内容服务业处于第一阶段（孕育期）。

目　　录

第1章　绪论 ·· 1
　1.1　选题背景及意义 ··· 1
　1.2　研究内容、技术路线和研究方法 ·· 9
　1.3　本书的创新点 ··· 13

第2章　文献综述 ·· 15
　2.1　现代信息服务业文献综述 ·· 15
　2.2　产业演进机理文献综述 ··· 20
　2.3　信息服务业演进机理文献综述 ·· 24
　2.4　本章小结 ··· 25

第3章　现代信息服务业概念界定和影响因素分析 ································· 26
　3.1　现代信息服务业的概念界定 ··· 26
　3.2　影响现代信息服务业发展的因素分析 ····································· 32
　3.3　本章小结 ··· 36

第4章　现代信息服务业的演进动力研究 ··· 37
　4.1　现代信息服务业的演进特征 ··· 37
　4.2　现代信息服务业的演进动力 ··· 45
　4.3　现代信息服务业演进动力方程 ·· 54
　4.4　本章小结 ··· 63

第5章　现代信息服务业演进的系统动力学分析 ···································· 65
　5.1　系统动力学 ·· 65
　5.2　系统动力学模型模拟现代信息服务业演进的适用性分析 ············ 70

  5.3 现代信息服务业演进仿真模型的构建 ………………………… 71
  5.4 现代信息服务业演进仿真结果及调控方案 …………………… 76
  5.5 本章小结 …………………………………………………………… 80

第 6 章 现代信息服务业演进周期 ……………………………………… 82
  6.1 现代信息服务业演进周期模型 ………………………………… 82
  6.2 现代信息服务业演进的混沌 …………………………………… 90
  6.3 相关服务业子产业演进周期的实证分析 ……………………… 95
  6.4 本章小结 ………………………………………………………… 102

第 7 章 北京市现代信息服务业演进机理实证分析 …………………… 104
  7.1 北京市现代信息服务业发展现状 ……………………………… 104
  7.2 北京市现代信息服务业演进的系统动力学分析 ……………… 107
  7.3 北京市现代信息服务业演进周期 ……………………………… 115
  7.4 本章小结 ………………………………………………………… 122

第 8 章 结论与展望 ……………………………………………………… 123
  8.1 主要研究结论 …………………………………………………… 123
  8.2 研究的限制 ……………………………………………………… 125
  8.3 未来研究展望 …………………………………………………… 125

参考文献 ……………………………………………………………………… 128
后记 …………………………………………………………………………… 138

第1章

绪　　论

1.1　选题背景及意义

1.1.1　选题背景

近几年,以云计算、智能搜索引擎为代表的信息技术日新月异,带动了信息服务业(ISI)的迅猛发展——规模日益庞大,体系不断完备。信息服务业是信息产业中最活跃、发展最快和智力最密集的产业,其服务经济社会发展和信息化建设的能力显著增强,已经成为我国优先发展的战略性产业。"十二五"期间,国家经济转向以保民生、促消费为主,作为关系国计民生的先导性、新兴产业,信息服务业如何顺势而为值得期待。

从全球经济发展来看,信息服务业已成为世界经济增长的新动力。在发达国家中,信息服务业在信息产业中的占比已超过信息产品制造业,成为新的经济增长点。纵观全局,信息服务业的发展程度已经成为判断国家综合国力和现代化水平的关键指标之一。西方发达国家的信息服务业产值占国内生产总值(GDP)的比重超过3%,其中,美国信息服务业产值占GDP的比重已高达6%,而我国信息服务业在国民经济中所占比重较低,2004~2011年只有2.5%。"十一五"时期,我国信息服务业持续快速发展,年均增速达28.3%,产业规模持续扩大,产业结构不断优化。2010年,我国信息服务业收入达到1.36万亿元,是2005年的3.5倍,超额完成"十一五"规划目标。信息服务业占电子信息产业产值的比重从2005年的10.2%提高到2010年的18%,从业人员超过300万人。产业结构向服务化发展,信息技术服务所占比重稳步上升,新兴网络软件和应用服务快速发展[1]。从全世界整体看,信息服务业正逐步向产业规模化、产业国际化、产业高端化、产业服务化、产业智能化、产业标准化的方向演进。

近年来，我国信息服务业增加值的年平均增长速度已超过了18%，大大超出同一时期国内生产总值的增长幅度，产业聚集效应突出，企业实力明显提高。2010年，广东、北京、江苏、山东、辽宁、上海、浙江、福建和四川9个省市的软件和信息技术服务业收入之和占全国的87%。中国软件名城创建工作取得显著成效，示范带动作用和影响力快速提升。2010年，我国年收入过亿元的软件和信息技术服务企业（以下简称"软件企业"）已经超过2000家，其中，业务收入超过50亿元的企业有7家，超过100亿元的企业有4家，超过500亿元的企业有1家，大企业日益成为产业创新和规模发展的主导力量[1]。随着商业模式和信息技术的创新，信息服务产业链不断向高端化延伸，与国民经济的结合日渐紧密，信息服务业对我国国民经济的推动作用将持续加强。发展信息服务业不仅是我国建设创新型国家、构建社会主义和谐社会和现代化建设的战略举措，也是实现促进产业结构调整、以工业经济为主向以服务经济为主和转变发展方式的重要途径。信息服务业在带动我国产业升级和促进产业结构优化方面起到了积极的作用。

我国信息服务业发展迅速，但产业规模和实力还不能满足国民经济和社会不断发展的需要，信息服务业的总体发展水平和西方发达国家的发展水平相差较大，依然存在一些制约产业发展的突出问题，具体表现在：缺乏具有全球领先地位的大企业，产业整体上处于价值链的中低端，无法参与将来的全球竞争；信息服务业东部和西部发展两极分化明显，差距十分巨大；信息服务产业创新体系不健全，企业创新能力不足且管理体制落后，在技术和服务模式方面缺乏创新且投入不足，核心技术缺乏；产业链协同效应尚未充分发挥，亟待建立龙头企业、带动中小企业支撑的产业发展格局；人才结构矛盾突出，高层次、复合型、领军型人才依然缺乏，整体素质较低，人才流失也比较严重；以市场为导向、政产学研用结合的支撑体系有待完善，产业可持续发展能力亟须提升；信息服务业政策体系不健全，不能对其演进过程起到保障作用和信息服务业的结构调整作用[1]。

（1）我国现代信息服务业战略背景。目前，我国信息服务业的快速发展已经具备了很多的优势。在落实科学发展观的活动中信息服务业的主导地位和战略作用得到加强；现代信息服务业对国民经济增长与各产业发展全局具有很强的支撑和引领作用，为了保证全国经济健康快速发展，重视国民经济增长的质量，必定要大力推进信息服务业；工业化和信息相融合的发展策略给信息服务业注入了新的动力，有利于深度融合信息化与工业化；广泛实施科教兴国的战略提升了各产业自主创新的水平和能力，加快了建设创新型国家的步伐；我国开发程度的提升，给信息服务业国际化和标准化发展提供了空间和机遇。"十二五"期间为建设我国小康社会的重要阶段，是不断加深改革开放程度、快速改变国民经济发展模式的关键阶段。全球软件技术和产业结构面临着又一次重要革新,给我国信息服务业创造了不断创新、细化应用、全面融合的发展机遇。要把信息服务业提升为国民经济的关键支柱产业,不断全面实施科学发展观,依靠我国大力推进转变经济发展模式与结构调整、推进信息化和工业化深度融合、培育和推进战略性创新产业的重要时机,以市场推动、应用拉动、创新支撑、融合拓展为主线,以推进信息服务业做好做大、提升对国民经济发展的关键服务能力为目标,关注政策引导和市场需求,深度改善产业演进环境,推动产学研用深度结合,全力培养大型企业,大力提升产业技术创新和管理创新水平,推动产业链的不断发展,不断提高产业规模化、创新化、高端化和国际化的发展水平,进一步实现"十二五"的发展目标[1]。

综上所述,我国规划的信息服务业发展的具体战略包括以下内容。

第一,市场主导、创新发展。发挥市场机制的基础性作用,强化企业的市场主体地位,加强政府推动与市场机制的结合,进一步完善市场环境,培育市场需求,规范市场秩序。加快培育以企业为主体、市场为导向、政产学研用相结合的创新体系,以技术能力、产业能力、市场能力、服务能力融合为主要方法,构建符合国情和产业特征的自主发展模式,集中力量突破基础软件、新型网络化高端软件等核心关键技术,形成一批拥有自主知识产权、市场地位领先的技术、产品和标准,初步建立安全可靠的产业技术体系。

第二,应用牵引、融合发展。坚持以用立业、以用兴业、以用强业,以应用带动软件技术、服务模式和商业模式创新,提升软件对业务的支撑服务能力,形成应用、技术、产业良性互动的发展格局。把握信息化和工业化深度融合的市场机遇,营造良好的应用环境,拓展市场空间,促进面向生产的信息服务业发展,大力发展社会民生领域的软件和信息技术服务。加快推进软件与硬件、软件与网络、产品与服务、软件与业务之间的相互融合,推动行业间横向和纵向整合,扩展产业发展空间。

第三,培育龙头、协同发展。全面实现企业的主体机制,政府政策积极推动,重点支持,快速做强做大关键企业。支持企业间的兼并组合,推进企业强强联合,增强企业创新水平、拓展消费市场能力、改善管理水平与提升世界竞争能力,在重要领域中培养具备世界市场竞争力的引领型骨干企业。强化整机和系统对软件核心技术和产品的牵引带动作用,促进技术、产品、应用和服务的一体化协同发展。发扬引领型龙头企业的带动作用,建立良好的信息服务业产业链互动关系、各类企业深度合作发展的绿色生态产业系统。

第四,优化布局、集聚发展。推进具备优势竞争力区域的发展,促进信息服务业区域差异化发展,同时提升区域的合作力度,积极推动各种资源和服务共

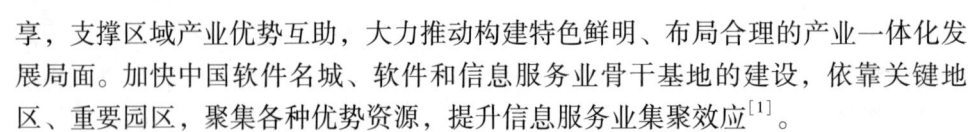

享，支撑区域产业优势互助，大力推动构建特色鲜明、布局合理的产业一体化发展局面。加快中国软件名城、软件和信息服务业骨干基地的建设，依靠关键地区、重要园区，聚集各种优势资源，提升信息服务业集聚效应[1]。

(2) 我国现代信息服务业政策背景。2000年6月，国务院出台了《鼓励软件产业和集成电路产业发展的若干政策》后，各地方先后出台了多达110项配套措施，从财税、投融资、研发、进出口等方面给予政策支持。

2003年，财政部、国家税务总局出台了《调整出口货物退税率的补充通知》，对计算机软件出口（海关出口商品码9803）实行免税，其进项税额不予抵扣或退税。

2008年，财政部、国家税务总局出台了《企业所得税若干优惠政策的通知》，对软件生产企业实行增值税即征即退政策所退还的税款，同时软件生产企业的职工培训费用，可按实际发生额在计算应纳税所得额时扣除。

2009年，财政部、国家税务总局、商务部、科技部、国家发改委出台了《先进型服务企业有关税收政策问题的通知》，对技术先进型服务企业离岸服务外包业务收入免征营业税。

2011年1月，国务院出台了《国务院关于印发进一步鼓励软件产业和集成电路产业发展若干政策的通知》，在此文件的带动下信息服务业高增长依然可期，将再造信息服务业的10年辉煌。在此背景下，信息服务领域将出现数十个业务规模超过100亿元的公司，数百个业务规模数十亿元的公司。

2011年12月，工业和信息化部印发了《软件和信息技术服务业"十二五"发展规划》，其中明确提出了我国信息服务业发展的预期目标：在产业规模方面，到2015年，业务收入突破4万亿元，占信息产业比重达到25%，年均增长24.5%以上，软件出口达到600亿美元；在技术创新方面，基本形成以企业为主体的产业创新体系，软件业务收入前百家企业的研发投入超过业务收入的10%，基本形成信息服务业标准体系，各类技术和服务的标准、规范得到普遍推广；在应用推广方面，初步建立安全可靠的软件应用推广体系，基于安全可靠关键软硬件的产业生态链基本形成，在国民经济重要领域得到规模化应用推广，对国家信息安全的保障能力得到实质性提高；在产业组织方面，培育一批具有国际竞争力的龙头企业，扶持一批具有创新活力的中小企业，打造一批著名软件产品和服务品牌，到2015年，培育10家以上年收入超过100亿元的软件企业，产生3~5个千亿级企业；在从业者人员培养方面，优化和构建人才构成队伍，改善人才培养方式和环境，扩大从业人员引进的途径，创造有助于高端人才不断成长的大环境，到2015年，从业人员超过600万人；在区域布局方面，产业集聚度进一步提高，创建若干中国软件名城、软件和信息服务业示范基地，到2015年，形成

10个以上产业收入超过千亿元的城市,培育2~3个产业收入超过5000亿元的产业集聚区。[1]工业和信息化部制定的"十二五"信息技术服务业发展政策不仅给出了我国信息服务业演进的方向,同时也是切实保障我国建设创新型国家,加快经济发展方式转变和产业结构调整,提高国家信息安全保障能力和国际竞争力的具体体现。

(3) 现代信息服务业发展历程。现代信息服务业是相对于传统信息服务业而言的,随着世界经济全球化的发展,各国经济的信息化程度已成为一个国家综合国力和生产力发展水平的重要衡量标志。现代信息服务业作为信息产业和现代信息服务业的核心,是转变经济增长方式、调整产业结构、走新型工业化道路的战略性绿色产业。在发达国家,现代信息服务业已经成为国民经济中的最大产业。有关研究指出,现代信息服务业已经成为拉动全世界经济增长的重要引擎。1998~2009年,全球现代信息服务业的增长速度连续12年保持在20%以上,2007年全球信息服务业在信息产业中的比重已超过60%,2008年信息服务市场达到6825亿美元。从国内范围看,2001年以来,我国现代信息服务业一直保持在20%以上的增长速度。[7]

根据世界银行的统计数据,美国、东欧、西欧和日本是全球最主要的信息服务业市场,分别占全球总份额的47%、27%和15%。[2]这些主要的发达国家的大型公司使用其高端的现代信息服务业技术和产品,尤其是优势的市场销售和开发水平,把握了现代信息服务业中的关键价值,掌控了全世界信息服务业的产业链和价值链,从中获取了丰厚的收益。但是,近年来,中国、印度等新兴国家凭借其具有的多方面优势快速成长,吸引了越来越多的跨国信息服务企业,使得全球现代信息服务业正在向发展中国家转移。

第一,发达国家现代信息服务业的发展历程——以美国为例。世界主要发达国家现代信息服务业发展的关键点可能有所不同,但是大体上的发展目标、方向、模式是一致的,本书选取了美国为研究对象,重点是因为美国是目前世界信息产业最发达的国家,其强大的通信技术、网络技术、计算机技术组成了美国信息产业的基本架构,进而推动了美国信息服务业的快速发展,形成了完善的信息服务业体系。美国政府也通过法律手段、制度法规、投融资体制保障信息服务业的健康持续发展。美国现代信息服务业的发展具有发达国家现代信息服务业发展的典型特征,对世界各国都有借鉴意义。

第二次世界大战后,美国的经济建设迅速恢复,在信息产业的推动下,美国产业结构得到了优化和升级,增强了经济增长的后劲,从这一时期开始,美国产业结构的重心开始向知识密集型产业转移。依据波拉特的推算,20世纪60年代,美国国民生产总值中信息产业附加值的占比为46%,信息产业就业人数的占比为45%，这意味着美国已经从工业经济向信息经济转移。[2]美国信息服务业的发展主要经历了四个比较明显的阶段。

1945～1980年——起步阶段。

1946年，世界上第一台计算机问世，这标志着信息革命时期的到来。20世纪40年代后期为电子管计算机时期，50年代为晶体管计算机时期，60年代为集成电路以及大规模集成电路时期，70年代是超大规模集成电路时期。在计算机的整个发展过程中，美国精确地掌握和判定了计算机技术的发展方向，以此为起点开始了互联网和计算机使用高潮。信息产业的产值也从1970年的56.7亿美元增加到1979年的196.6亿美元。[2]这一时期的现代信息服务业在信息产业中的比重还比较少，主要涉及信息技术服务业。

1980～1995年——初步发展阶段。

从20世纪80年代以来，美国大力推进小型计算机的发展，研发各种相关软件和小型计算机，从而带动了数字技术和电脑的兴起，从此拉开了产业链高端化的结构调整和优化大幕。这一时期，美国在计算机和通信领域的投资年平均增长率高达20%，信息产业投资占GDP的比重由1985年的4.9%提升至1990年的6.3%。[2]这一时期的现代信息服务业在信息产业中的比重有所增加，主要涉及信息传输服务业和信息技术服务业。

1995～2004年——高速发展阶段。

从20世纪90年代后期以来，美国更加全力推进信息产业的发展，依靠完善产业发展政策和战略规划，扩大资本投入力度，设立专门的组织机构，领先进入信息社会，其信息产业也逐步成为世界霸主。据美国商务部统计，20世纪90年代中期以来，美国信息产业以年均高达30%的速度持续增长。1995～2000年，美国的信息通信资本存量增加了2.67倍。[2]这一时期的美国现代信息服务业在信息产业中的比重大大提升，主要涉及了信息传输服务业、软件业、信息技术服务业。

2004年后产业链升级与优化阶段。

2007年，美国信息产业占GDP的比重为4.2%，实际增长贡献率达到了16.5%，成为美国最大的支柱性产业之一。[2]2009年1月19日《科技日报》报道，在科研方面，美国的投入经费已达2800亿美元，基本上是欧盟科研经费和日本科研经费之和，其中欧盟科研经费为1999亿美元，日本科研经费为1130亿美元。这一时期现代信息服务业的快速发展已成为驱动美国经济增长的重要动力，其2004～2010年的产值和就业人数如表1－1和表1－2所示。信息服务业日益与医疗、金融、教育、文化娱乐、商贸等服务业相渗透融合，不但提升了原有服务业的水平和质量，也改变了传统的商业模式，更催生了新的细分行业、延伸了产业链条。如今，美国现代信息服务业是以信息处理服务业和信息分析与咨询业为主导产业，信息处理服务业占比为25.7%，比例最高的信息分析与咨询业的产值占比高达46.1%。[2]

美国信息服务业的产值和就业人数如表1-1和表1-2所示。

表1-1　　　　　2004~2010年美国信息服务业的产值　　　　单位：亿美元

项目	2004年	2005年	2006年	2007年	2008年	2009年	2010年
产值	1009.4	1060	1111.2	1164.6	1197.6	1165.8	1205.7

资料来源：美国商务部网站 www.bea.gov。

表1-2　　　　2004~2010年美国信息服务业的就业人数　　　　单位：万人

项目	2004年	2005年	2006年	2007年	2008年	2009年	2010年
人数	310.9	306.3	305.3	304.1	299.9	282.4	272.0

资料来源：美国商务部网站 www.bea.gov。

第二，我国现代信息服务业的发展历程。我国现代信息服务业的发展历史并不长，从党的十五大开始，我国制定了信息化和工业化融合、信息化引领工业化、工业化推动信息化的一系列信息化发展战略，给信息产业的发展带来了崭新的机会。而且，科学发展观中指出，经济的发展应该以提高有效产出、降低资源投入为根本原则，同时在物质能源日益匮乏和全球气候变暖的条件下，使用信息服务与信息技术减少物质能源使用，提高产业发展水平，对国家战略有着举足轻重的意义，我国信息服务业的发展同国家战略发展目标基本一致，这也给信息服务业的发展带来了良好的机遇和新的发展空间。所以在这样的大背景下，我国信息服务业近些年来保持着健康快速的发展状态。

由于先前我国对现代信息服务业的认识不够充分，对现代信息服务业的有关统计不健全，2004年才开始在第三产业中将信息服务业作为单独行业进行统计，这也影响了本书对现代信息服务业发展历程的阐述，但从现有数据中还是可以看出，我国现代信息服务业的发展变化情况。我国现代信息服务业2004~2010年的增加值和就业人数如表1-3和表1-4所示。

表1-3　　　　　2004~2010年我国信息服务业的增加值　　　　单位：亿元

项目	2004年	2005年	2006年	2007年	2008年	2009年	2010年
产值	4236.3	4768.0	5683.5	6705.6	7859.7	8163.8	13600.0

资料来源：《中国统计年鉴》。

表1-4　　　　　2004～2010年我国信息服务业的从业人数　　　　　单位：万人

项目	2004年	2005年	2006年	2007年	2008年	2009年	2010年
人数	123.7	130.1	138.2	150.2	159.5	173.8	185.8

资料来源：《中国统计年鉴》。

尽管我国的信息服务业发展状况良好，但是在同西方发达国家进行比较时，依然有很大的差距。根据2007年经济合作与发展组织（OECD）的统计，美国占世界信息服务业的市场份额为40%，东欧和西欧占世界信息服务业的市场份额为33%，日本占世界信息服务业的市场份额为17%，但是我国占世界信息服务业的份额只有2.5%左右，因此我国信息服务业具备巨大的发展空间。对比发达国家发展信息服务业的过程，我国现代信息服务业的发展不足之处还很多，信息服务业在信息产业中的地位还不强，信息服务业产业结构还不是很合理，在发达国家信息服务业中占关键地位的信息内容服务业，特别是信息咨询和信息分析业在我国信息服务业中所占的比重还是很低，不利于我国信息服务业的结构优化和产业链高端化，不能够体现对国民经济的调整和拉动作用，现代信息服务业的发展还需要更多技术和政策环境的支持和保障。

1.1.2 研究意义

现代信息服务业作为"绿色产业"，是伴随着全球范围内基于信息产业和信息技术的革命而发展起来的，具有知识、智力、技术密集以及效益高、增长快、渗透性强的特性。从全世界来看，现代信息服务业在发达国家国民经济中所占的比重越来越大，已经超过了信息产品制造业，成为全球经济增长的主要动力，创造了巨大的社会效益和经济效益。"十二五"时期，伴随着信息通信技术的迅速发展和应用的不断深化，应用软件同网络技术深度耦合，应用软件同硬件、应用环境、服务紧密结合，信息服务业快速向服务化、融合化、应用化角度演进。信息服务业技术创新速度加快，商业模式变革日新月异，新兴应用不断推出，将推动信息服务业融合转型和发展升级。从目前来看，只有增加现代信息服务业的投资，用软投入替代工业经济模式中的硬消耗，比如能源、资源等，才能实现国家经济的健康发展。

信息服务业是一个动态复杂的演进产业，具备自身的演进规律、内在发展机制，传统产业发展所依据的规律不能正确地揭示信息服务业的演进规律。本书研究的目的就是探讨现代信息服务业演进的一般机理，分析现代信息服务业的演进动力、演进周期，以及现代信息服务业系统整体的演进模型，从而为现代信息服务业的发展提供科学合理的发展策略。

我国现在还处于城镇化、信息化、市场化、工业化、国际化高速发展的重要时期，深入研究现代信息服务业对国民经济增长的主要作用，把握机会努力提升现代信息服务业，对贯彻和落实科学发展观，转变经济发展方式，促进我国经济健康快速发展，实施全面建设和谐社会有十分关键的意义。

现代信息服务业是一个由多个分支产业构成的产业集合，在整个发展过程中就必须有所侧重，以不平衡发展最终实现现代信息服务业的平衡发展。若是平等地对待全部信息服务业分支产业的话，也许会导致物质资源的浪费，甚至导致整体信息服务业发展水平的落后，所以在制定现代信息服务业发展策略时，需要深入研究现代信息服务业的发展脉络，找到现代信息服务业演进的合理路径和关键动力，确定演进的具体方向和措施，从而推动现代信息服务产业的演进。

本书的研究意义在于以下几个方面。

（1）归纳分析了现代信息服务业演进的理论，以期构建坚实的现代信息服务业理论研究框架。具体来说，就是将演化经济学、产业经济学、自组织理论、系统动力学理论相结合，作为研究的理论基础，把现代信息服务业演进作为一个复杂的动态过程进行研究。

（2）发掘带动现代信息服务业演进的内生动力和外生动力，通过构建哈肯模型的现代信息服务业演进的动力方程，判定劳动力要素、投资要素和技术创新对现代信息服务业系统演进的反馈机制，确定了各控制参量的作用程度。

（3）揭示了我国现代信息服务业与北京市现代信息服务业演进的阶段，证实了现代信息服务业有很大的发展空间和较高的产业成长速度。处于此阶段的现代信息服务业有助于推动经济发展方式的提升，转变我国产业结构，提高产业综合竞争力和构建和谐社会，促进我国经济的健康快速发展。

因此，本书具有较为重要的理论意义和现实意义。

1.2 研究内容、技术路线和研究方法

1.2.1 研究内容

本书对现代信息服务业的产业演进进行了分析，本书的组织结构如图1-1所示。

```
┌─────────────────────────────────────────────────┐
│ 选题背景及意义、研究内容、技术路线、研究方法和创新点 │
└─────────────────────────────────────────────────┘
                        ↓
                ┌──────────────┐
                │   文献综述    │
                └──────────────┘
                        ↓
        ┌──────────────┐    ┌──────────────┐
        │ 现代信息服务业 │    │ 现代信息服务业 │
        │   概念界定    │    │  影响因素分析  │
        └──────────────┘    └──────────────┘
                        ↓
        ┌─────────────────────────────────┐
        │   现代信息服务业的演进动力研究    │
        └─────────────────────────────────┘
             ↓                      ↓
      ┌──────────────┐       ┌──────────────┐
      │ 演进的内生动力 │       │ 演进的外生动力 │
      └──────────────┘       └──────────────┘
                        ↓
        ┌─────────────────────────────────┐
        │  现代信息服务业演进的系统动力学分析 │
        └─────────────────────────────────┘
                        ↓
        ┌─────────────────────────────────┐
        │      现代信息服务业演进周期       │
        └─────────────────────────────────┘
                        ↓
        ┌──────────────┐  →   ┌──────────────────┐
        │  逻辑斯谛模型  │      │ 演进周期和所处阶段 │
        └──────────────┘      └──────────────────┘
                        ↓
        ┌─────────────────────────────────┐
        │ 北京市现代信息服务业演进机理实证分析 │
        └─────────────────────────────────┘
                        ↓
                ┌──────────────┐
                │  结论与展望   │
                └──────────────┘
```

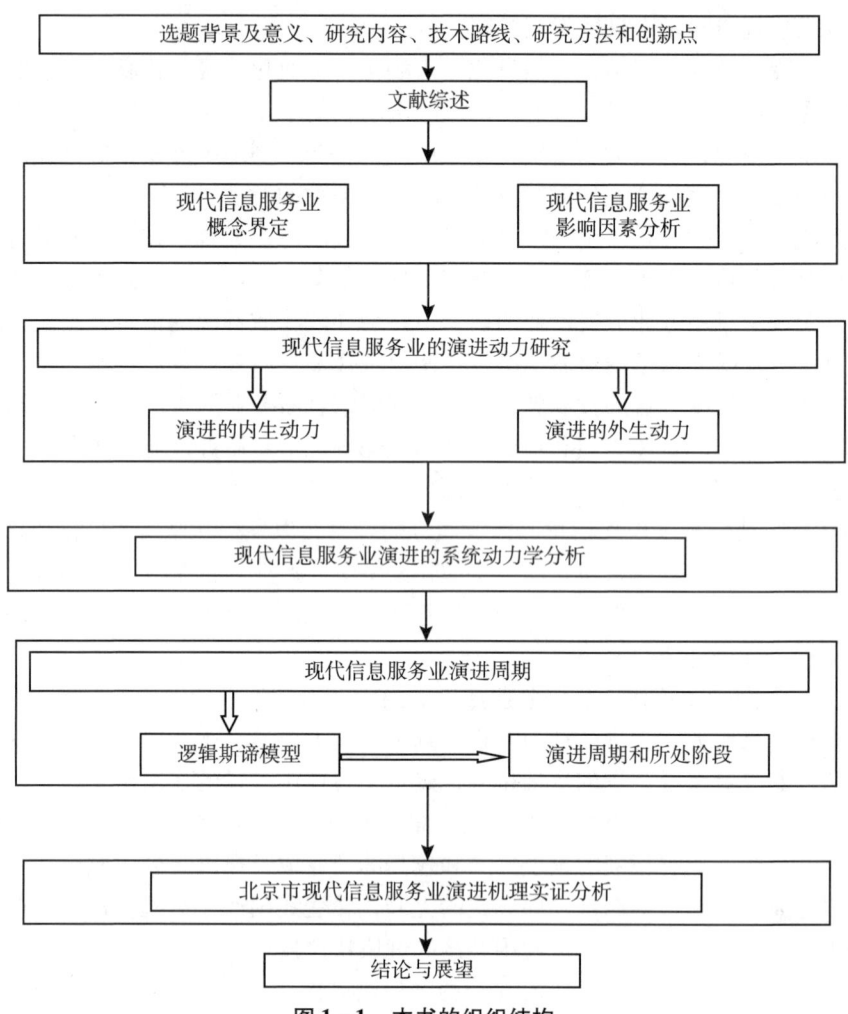

图 1-1　本书的组织结构

具体研究内容包括如下几章。

第1章，绪论。解释选题背景及意义，介绍了现代信息服务业的发展历程，阐明了本书的研究内容、技术路线、研究方法和创新点。

第2章，文献综述。针对本书的关键问题回顾了研究中涉及的主要文献，主要集中于现代信息服务业的研究文献、产业演进机理的相关文献，以及信息服务业演进机理的相关文献。这些文献是研究现代信息服务业演进机理的坚实文献基础，只有依据坚实完善的文献基础才能使研究具有合理性、前瞻性和创新性。

第3章，现代信息服务业概念界定和影响因素分析。介绍了现代信息服务业的形成和发展,以及现代信息服务业的定义和特征。同时在详细阐述各国关于现代信息服务业范畴的基础上,明确了本书研究现代信息服务业的具体范畴。定性分析了影响现代信息服务业发展的关键内外部影响因素,并说明了这些关键影响因素对现代信息服务业发展的作用方向。

第4章,现代信息服务业的演进动力研究。本章研究了现代信息服务业的自组织特性和现代信息服务业的演进动力,并应用哈肯模型建立了现代信息服务业的演进动力方程。重点分析了现代信息服务业演进的内生动力和外生动力,同时基于系统自组织理论运用模型对现代信息服务业的外生动力进行了研究与分析,以判断出主要的外生动力对现代信息服务业演进的效应大小和作用。

第5章,现代信息服务业演进的系统动力学分析。基于现代信息服务业关键影响因素和演进动力因素,运用系统动力学模拟现代信息服务业演进,构建现代信息服务业系统演进的仿真模型。然后通过系统动力学仿真模型的运行证实现代信息服务业的演进趋势,确定现代信息服务业演进的系统仿真模型具有实用性。最后提出了针对现代信息服务业关键因素的五种具体调控方案,并分析了五种调控方案的仿真结果。

第6章,现代信息服务业演进周期。根据现代信息服务业的自组织特性,应用自组织理论的逻辑斯谛模型研究了现代信息服务业的整体演进,展示了现代信息服务业整体的演进周期趋势,同时基于产业演进曲线和产业成长速度曲线对现代信息服务业演进阶段的划分揭示了现代信息服务业的演进阶段。

第7章,北京市现代信息服务业演进机理实证分析。通过分析北京市现代信息服务业的发展现状,深入研究其整体和分支产业的演进、演进仿真、不同调控方案的仿真结果。

第8章,结论与展望。概述了本书的研究结论、不足之处,展望了进一步深入研究的方向。

1.2.2 技术路线图和研究方法

(1) 技术路线图。本书的技术路线如图1-2所示。

研究的问题	研究的内容	研究的理论与方法

| 影响现代信息服务业的关键因素有哪些？ | ←→ | 现代信息服务业概念界定和影响因素分析 | ←— | 文献回顾、计量经济学 |

| 现代信息服务业的演进动力机制是什么？ | ←→ | 现代信息服务业演进特性、内生动力、外生动力、动力效应、动力方程 | ←— | 产业经济学、计量经济学、协同学 |

| 如何促进现代信息服务业的发展？ | ←→ | 现代信息服务业演进仿真、调控方案分析 | ←— | 系统动力学 |

| 现代信息服务业演进趋势是怎样的？处于产业演进的哪个阶段？ | ←→ | 现代信息服务业演进周期、演进过程分析、相关服务业子产业的实证分析 | ←— | 自组织理论、演化经济学、计量经济学 |

| 典型地区的现代信息服务业是如何演进的？ | ←→ | 影响北京市现代信息服务业发展的因素、演进的系统动力学分析、演进周期 | ←— | 计量经济学、系统动力学、演化经济学、自组织理论 |

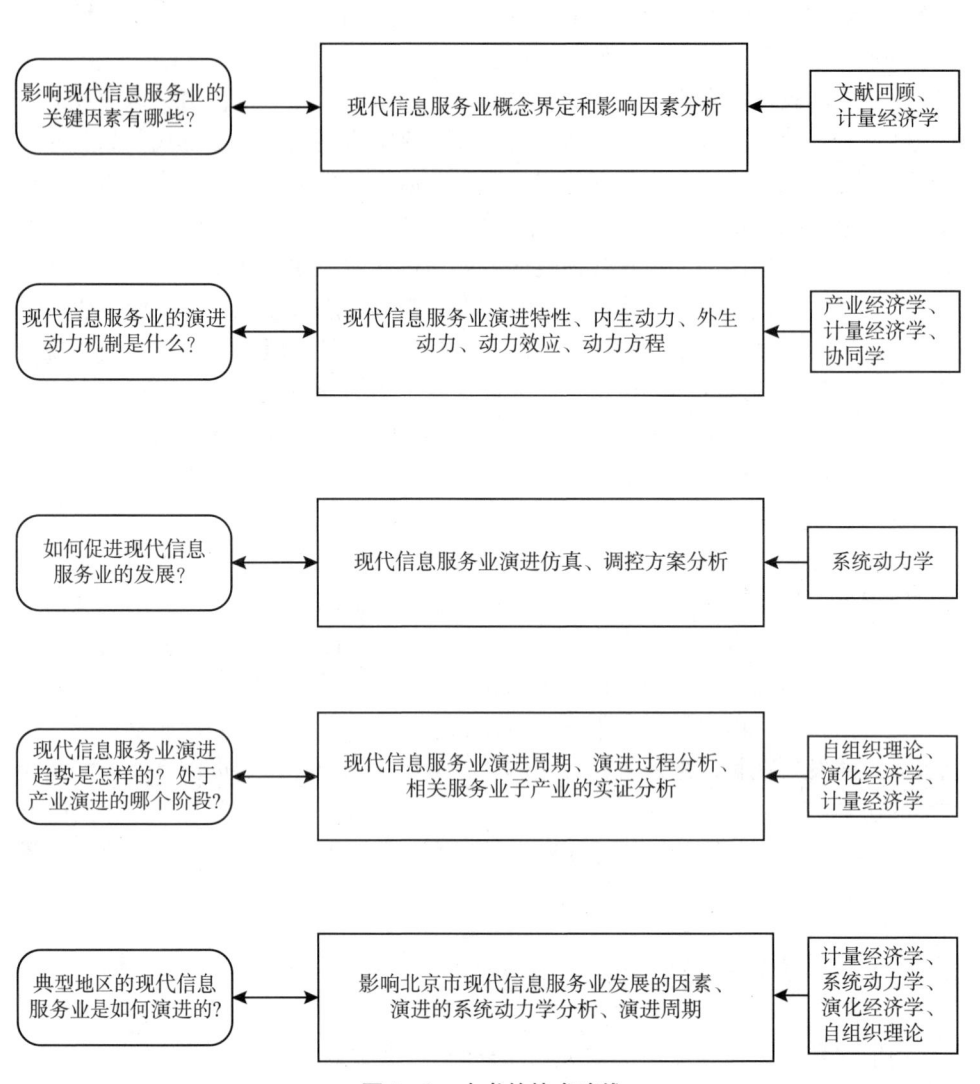

图1-2 本书的技术路线

（2）研究方法。本书主要采用定性分析和定量研究相结合，综合运用计量经济学、产业经济学、演化经济学、文献计量学、系统动力学等学科的科学理论、方法和分析软件。下面详细说明各种研究方法在本书中的具体应用。

第一，文献资料回顾法。根据本书的需要，笔者查找并阅读了几百篇国内外前沿文献资料,例如国内外核心期刊、国内外相关产业研究报告、专著、电子资源等,运用归纳、分析、总结的方法,提出了本书有关现代信息服务业的独特视角和结论。

第二,案例调查法。在对现代信息服务业演进基本规律进行产业经济学分析时,采集应用了 OECD、经济学人集团(EIU)、美国商务部及国内权威统计数据《中国统计年鉴》《中国第三产业统计年鉴》《北京统计年鉴》等,提升了本书的说服力和可信度。

第三,定性和定量相结合的方法。定性分析了现代信息服务业演进的关键影响因素;运用协同学中的哈肯模型定量分析了现代信息服务业演进的外生动力;运用自组织理论定性分析了现代信息服务业演进的内生动力。

第四,应用系统动力学分析了我国现代信息服务业的系统演进,以及北京市信息服务业演进,直观地描述了我国现代信息服务业的发展和北京市信息服务业的发展。并且通过不同的调控方案模拟我国现代信息服务业和北京市信息服务业的发展变化。

第五,应用自组织理论的逻辑斯谛方程分析现代信息服务业系统的演进周期和阶段,借鉴自组织理论的混沌法来分析现代信息服务业系统演进的有序性。同时使用自组织理论的逻辑斯谛方程对比了其他服务业的演进阶段。

1.3 本书的创新点

1.3.1 研究理论创新

本书综合运用演化经济学、自组织理论、系统动力学等,以独特的理论视角为完善现代信息服务业的相关研究,做出了有益的尝试和探索,是目前国内为数不多的应用演化经济学理论对现代信息服务业进行系统研究的文献。

1.3.2 研究视角创新

本书按照渐进的研究思路,依次从影响因素、自组织演进动力、演进的系统动力学分析、演进周期四个层面对现代信息服务业的演进机理进行了研究,并通过典型案例——北京市现代信息服务业对上述层面进行了实证研究。

1.3.3 研究方法创新

第一,运用协同学中的哈肯模型构建了现代信息服务业的演进动力方程,定量得出现代信息服务业演进的两个关键动力分别为投资额和劳动生产率。其中,劳动生产率(具体包含技术创新和发展水平)是现代信息服务业演进动力方程中的序参量,这表明现代信息服务业演进的方向是由劳动生产率决定的。

第二,使用自组织理论的逻辑斯谛方程对比分析了我国现代信息服务业与其他服务业演进的阶段,以及北京市现代信息服务业整体和三个分支产业演进的阶段,证实了我国现代信息服务业总体处于产业成长的第一阶段(孕育期),而北京市现代信息服务业总体处于产业成长的第二阶段(成长期)。

第三,尝试运用系统动力学方法研究现代信息服务业的演进具有一定的新颖性,丰富了现代信息服务业的研究方法体系。

第 2 章

文献综述

本章将回顾和分析现代信息服务业和产业演进机理的相关文献,梳理了产业演进机理的研究角度、研究方法和研究方向,确立了研究现代信息服务业演进机理的理论根基、具体方法和角度。

2.1 现代信息服务业文献综述

自 1961 年 G. 斯蒂格勒发表了著名的《信息经济学》,就标志着信息经济学诞生了。信息经济学从不同视角和层面对信息进行了研究,该学科是一门新兴综合性学科。信息服务业也是信息经济学研究的重要领域,属于宏观信息经济学或应用信息经济学范畴。信息服务业是指利用网络、计算机和通信等技术从事信息产品的生成、处理加工、收集、传递、存储、检索和利用,为社会和人们提供各种信息服务或信息产品,进而实现信息价值增值的行业联合体。运用文献计量学的方法,使用主题词"信息服务业""Information Service Industry""IT Service Industry""Information Servicing Business"检索了中国知网、万方数据库、Web of Knowledge 等数据库,共检索到 1 万多篇文献,如图 2-1 所示。有关信息服务业的研究从 1993 年到 2011 年不断增长,其研究成果主要分布在信息经济、工业经济、图书情报与数字图书馆、计算机软件及计算机应用、服务业经济和经济体制改革等研究领域中。

国内外专家有关信息服务业的研究主要集中在信息服务业现状、问题和对策研究、信息服务业的测度研究、信息服务业发展模式和规律研究、信息服务业竞争力研究、信息服务业对经济增长作用的研究、信息服务业产业链和集群研究六个方面。

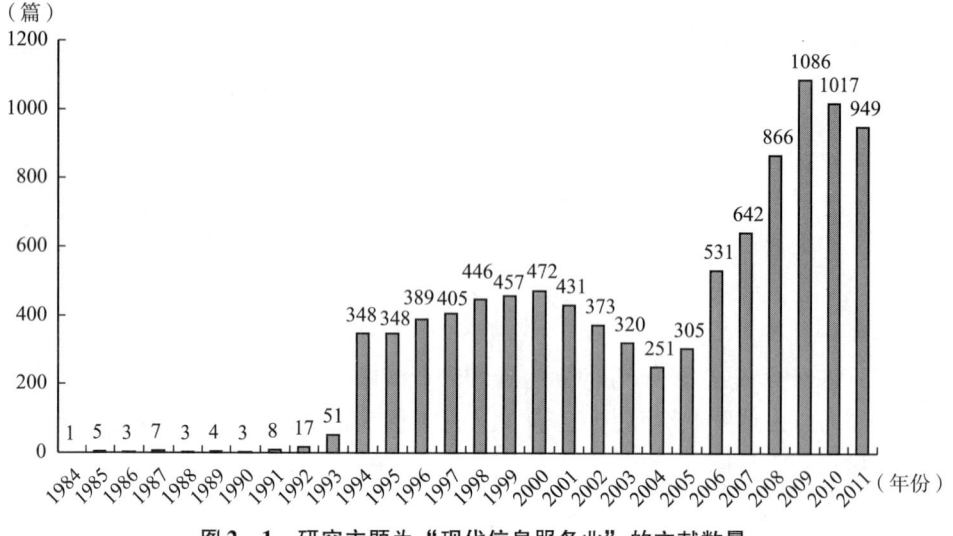

图 2−1 研究主题为"现代信息服务业"的文献数量

2.1.1 信息服务业现状、问题、对策研究

有关信息服务业的现状、问题和对策研究集于对某个国家、某个地区、某个省市的信息服务业的发展进行研究。1996年，谢新洲和张广钦详细地讨论了我国新兴信息服务业的发展现状，并对其在发展中存在的问题进行了分析，最后提出了一系列建议[3]。蒋国庆[4]、王园春[5]、廖金翠[6]、徐丽梅[7]、周应萍[8]、丁玲华[9]等对我国信息服务业的现状和问题进行了研究。周应萍概述了陕西省信息服务业的发展状况，并提出促进陕西省信息服务业发展的对策[10]。郑艳玲等运用线性规划决策法与区间层次分析法对河北省在不同年份的信息服务产业的发展情况，计算出各指标相应的最优权重，运用灰色关联分析法实证分析了对河北省信息服务产业的发展水平[11]。马淑萍概述了宁夏信息服务业的基本现状，依据宁夏信息服务业发展过程中存在的问题给出了发展策略[12]。许晶晶[13]运用了波特的钻石模型对上海市信息服务业进行了六个方面的分析。杨超等[14]也对上海信息服务业的现状进行了研究，给出了发展策略。李辉等[15]应用SWOT方法对北京市信息服务业发展的优势、劣势、机会与挑战进行了分析，并以此为依据提出了相关策略。夏琼[16]评价了中部地区现代信息服务业的绩效水平，揭示中部各省份现代信息服务业发展的优劣势。王平军[17]分析了西部地区现代信息服务业发展中存在的主要问题，给出了当前发展西部地区现代信息服务业的对策。任道忠等[18]总体比较了我国与发达国家的现代信息服务业，提出了发展现代信

息服务业的国家策略。杨含斐等[19]研究了日本信息服务业的发展现状,在评价日本信息服务业建设的经验的基础上,提出了可以借鉴的建议。

2.1.2 信息服务业的测度研究

对信息服务业测度的研究重点集中在两个方面:第一,美国学者马克卢普(F. Machlup)在20世纪50年代后期提出的一套指标测算方法和体系,具体方法是测度信息服务业或者知识类产业的产值,来说明某区域或者某国在某时期信息服务业或者知识类产业占GNP的比重,该方法之后被马克·波拉特(Mark Porat)进行了深化。这种测度信息服务业的方法为定量研究信息服务业提供了可操作性和可应用性。第二,日本信息服务业测度专家提出的信息化指数法,这种方法通过计算某地区或某国在某时间段的信息化水平,间接呈现信息服务业的水平。我国学者也对本区域或本国的信息服务业进行了测算,进行了有益的研究。2007年,哈进兵等运用层次分析法搭建测度信息服务业发展水平的指标体系[20];2008年,武汉大学胡昌平等在编制国家创新体系中信息服务业投入产出表的基础上,提出了信息服务业投入的产出模型[21];2010年,陶思远运用因子分析法和层次分析法相结合的方法评估了辽宁省现代信息服务业的发展水平[22];2011年,张茜运用指数评价法,从纵向和横向比较的角度综合评价了北京市信息服务业的发展水平[23]。

2.1.3 信息服务业发展模式和规律研究

由于国外在信息服务业研究方面侧重于信息服务业的关键成功因素和测度分析,对信息服务业的发展模式和规律方面的研究不是很广泛和具体,但是国内一些专家学者和科研机构却进行了深入探讨。信息服务业是一个绿色产业,具有其特殊的产业发展规律。何绍华[24]探讨了SCM应用于信息服务业的方式、运营模式、运营要素。李国强[25]研究了信息服务业先进的质量管理、信息服务业的重构等。郭秦茂等[26]给出了西部地区信息服务业的制约因素以及西部地区信息服务业的发展模式。冯梅等[27]研究了信息服务业发展的理论基础、国际经验借鉴和北京市信息服务业的发展策略。陈建龙等[28]通过分析地方政府"十一五"规划的内容,解读和比较我国地方政府发展信息服务业的三种战略模式——重点发展型、梯次推进型、产业提振型。从总体上看,我国信息服务业发展规律的研究有以下几个特征:一是研究的角度不多,且没有运用产业经济学方法和理论进行研究,信息服务业的产业特色没有得到鲜明体现;二是没有使用演化经济学进行信息服务业演化机制研究；三是研究的着眼点不同，没有把握信息服务业的整体性，不能揭示信息服务业内部构成的基本规律；四是目前有关信息服务业的发展规律仅是对地区和政府的政策等分析，多是定性分析。

2.1.4 信息服务业竞争力研究

信息服务业是信息产业的重要构成部分。随着硬件建设的不断成熟，硬件基础设备产品份额不断下降，信息服务市场规模随着各类信息与信息服务需求的增长不断加大。目前，信息产业已进入结构性全面调整和优化时期，逐渐由硬件主导转向以软件和信息服务为主导，全球现代信息服务市场开放程度不断加大，各国竞争信息服务业市场日趋激烈。是否能在激烈的市场竞争中不断发展和生存，重点在于现代信息服务业的竞争能力。赵弘等[29]采用区位熵指标评价方法，通过比较分析广州、上海等我国主要城市的信息服务业的发展状况，评价了北京信息服务业的竞争力。石宝军等2009年依据迈克尔·波特的钻石理论，初步确定18项信息服务业竞争力的影响因素，并运用层次分析法确定了河北省信息服务业竞争力的关键影响因素[30]；2010年系统分析了河北省信息服务业竞争力关键影响因素，提出了促进河北省信息服务业竞争力提升的相应对策[31]；2011年计算了河北省信息服务产业竞争力指数，并应用灰色系统理论构建信息服务业竞争力GM模型，然后预测了河北省信息服务产业竞争力的短期变化趋势[32]。王天耀[33]从行业竞争力模型中提炼出天津信息服务业的具体竞争力指标，接着通过层次分析法分析特定城市的信息服务业竞争力指数，得出针对天津市信息服务业的发展策略。王龙[34]通过基于粗糙集的产业集群竞争力评价模型与波特的"钻石模型"分析了广州信息服务业集群与上海信息服务业集群各自的特点，最后提出如何提高广州信息服务业竞争力的政策建议。宋静等[35]建立了相应的综合评价模型，详细比较分析了上海市各区县信息服务业的竞争力水平。赵枫[36]依据区域竞争力理论与波特的竞争力"钻石模型"理论，建立了我国信息服务业竞争力评价指标体系，并采用层次分析法确定各指标权重，综合评价和排序我国14个具有代表性的基地城市，并提出对策建议。从总体上看，学者关于信息服务业竞争力分析方面集中于对某区域的竞争力研究，使用的方法主要有区位熵指标评价方法、层次分析法和波特的"钻石模型"。

2.1.5 信息服务业对经济增长作用的研究

国外关于信息产业对国民经济增长的研究主要集中在信息化水平对企业、区域、国家经济增长的差异和贡献等领域。查尔斯（Charles J.，1983）建立了经济生产率与测度信息资源相互关系的计量模型，研究了信息部门规模与经济生产率的相互关系[59]。古木基文·吉尔等（Gurmukh Gill et al.，1997）用生产函数取对数的方法，对美国1983～1993年58个行业11个交叉领域的数据进行了信息化贡献率的分析[90]。克里斯多夫·古斯特和杰米·马克斯（Christopher Gust and Jaime Marquez，2004）分析了1992～1999年13个工业国家的数据，得出信息技术对美国的经济增长起到了推动的作用，但推动的作用效果对其他工业国家不大[91]。我国学者周应萍分析了在西部经济发展中现代信息服务业的重要作用，提出了现代信息服务业促进西部地区发展的对策[10]。袁丁探讨了信息服务业通过优化生产要素，来促进内生技术进步和提升产业结构从而推动经济增长[37]。国内学者对信息服务业对国民经济增长的研究还很少，随着信息服务业的快速发展这方面的研究一定会逐渐增加。

2.1.6 信息服务业产业链和集群研究

供应链、价值链、产业集群和产业链等几个相关理论是当前管理学界和经济学界的研究热点之一，在过去20多年，这一组理论已经逐渐成熟。信息服务产业链是由信息组织、信息采集、信息传输、信息传递等围绕信息服务各个环节构成的，且利于提升信息服务业竞争力，形成有竞争优势的行业集合。凌美秀分析了信息服务产业链现状与演变趋势，并基于产业链理论提出我国信息服务业的发展策略[38]。万建军提出，我国信息服务产业链的构建模式主要有以制度创新培育优势企业带动产业链扩大、以技术创新逐步改变产业链结构、以产业集群战略推动群内企业集聚进而优化产业链结构。我国目前应当选择以产业集群战略为主的产业链结构优化模式[39]。陈能华等研究了我国信息服务产业链的特征和存在的问题，提出了自己的构建方法[40]。曹顺良等综合运用定量和定性相结合的方法，具体研究了上海市信息服务业产业集群问题[41]。王颖借鉴信息产业研究理论和传统产业集群，探讨了虚拟信息服务业集群的形成机理和创新机制[42]。

以上六个方面关于信息服务业的研究，内容各有侧重，采用的研究方法也有所不同，但共同点是都肯定了信息服务业是新型绿色产业，对国民经济增长和产业结构调整具有重要作用，提出了推进信息服务业健康发展的关键因素，给出了提升信息服务业发展的战略和策略，但是很少从演进动力、演进路径、系统整体演进、演进模型的角度对信息服务业进行研究，因此本书属于开拓性的研究。

2.2 产业演进机理文献综述

产业演进一直备受国内外专家学者关注，尤其是在贸易全球化、市场化和信息化的环境下，产业演进同时也呈现出多样化的特征。产业也类似于生物体，要历经形成、成长、成熟到衰退的整个过程。关于产业演进不同的学派有不同的解释。本书回顾了产业演进理论和产业演进机理两个方面的文献，为研究现代信息服务业的演进机理打下了坚实的理论基础。

2.2.1 产业演进理论回顾

演进（evolution）一词含有变化、变迁和提升的意思，体现了质与量两个方面的深化和统一，经济理论中一直含有演进的思想。

产业演进是从宏观的视角研究产业的成长和整个发展过程，这个过程是产业本身持续更新的过程。有关产业演进的研究主要集中于分析产业总量和产业机构随时间的变化情况，主要包括两个方面：一方面指产业的形成过程以及产业逐渐强大和规模化的过程；另一方面是指产业结构调整，从结构不合理发展为结构合理，产业结构高级化的过程。本书将产业演进理论归纳为五个方面：马歇尔的产业演进思想、产业生命周期理论、熊彼特主义（创新和产业演进）、纳尔逊和温特的产业演进思想、产业结构演进理论，具体内容如表2-1~表2-5所示。

表2-1 产业演进理论之———马歇尔的产业演进思想

理论流派	代表性人物	主要观点
马歇尔的产业演进思想	马歇尔（Marshall，2009）	产业发展的推动力来源于报酬递增倾向和报酬递减倾向的相互作用，马歇尔的产业均衡是容许企业多样性和异质性的，提出了"代表性企业的概念"[103]

表2–2　　　　　　　　产业演进理论之二——产业生命周期理论

理论流派	代表性人物	主要观点
产业生命周期理论	阿伯内西（Abernathy, 1975, 1978） 厄特巴克（Utterback, 1978） 戈特（Gort, 1982） 克莱伯（Klepper, 1982, 1990） 格雷迪（Graddy, 1990） 侯芃哈依（Hopenhayn, 1992） 约万诺维奇（Jovanovic, 1994） 麦克唐纳（MacDonald, 1994） 阿加瓦尔（Agarwal, 1996） 戈特（Gort, 1996） 克莱伯（Klepper, 1996）	许多宏观层面的变量（比如产量、企业数目、进入率和退出率等）随时间的变化将呈现出类似生物学的生命周期次序，也就是孕育期、成长期、成熟期和衰退期。该理论包括：A–U产品生命周期理论[92]、G–K产业生命正周期理论[93][94]、K–G产业生命周期理论[95]。技术变迁是形成产业生命周期的重要原因，因此必须重视研究技术创新[96][97]。创新包括主导创新和辅助创新[98]。产业从形成到成熟的过程中通常会伴随着价格下降、产量增加、企业数量先增加后下降等变化趋势，这主要是由产业的技术创新引起的[99][100]

表2–3　　　　　　　　产业演进理论之三——熊彼特主义（创新和产业演进）

理论流派	代表性人物	主要观点
熊彼特主义（创新和产业演进）	熊彼特（Schumpeter, 1921） 弗里曼（Freeman, 1974） 帕维特（Pavitt, 1984） 奥德斯（Audretsch, 1995） 叶先（Jesen, 1997） 麦卡金（McGuckin, 1997） 艾德奎斯特（Edquist, 1997） 马莱尔巴（Malerba, 2005） 安东内利（Antonelli, 2006） 马歇尔（Marshall, 2009）	创新在产业演进中具有核心作用，同时使用动态的解释方式研究产业演进。不同产业、技术、地区和国家，创新和产业演进的关系不同[101]。创新对产业演进的影响具有明显的技术特征和区域特征。国家和产业的制度不同对产业创新活动的作用也不同。技术创新影响产业演进，而产业演进也会影响技术创新的方向和速度[102][103]

表2–4　　　　　　　　产业演进理论之四——纳尔逊和温特的产业演进思想

理论流派	代表性人物	主要观点
纳尔逊和温特的产业演进思想	纳尔逊（Nelson, 1982, 1993） 温特（Winter, 1982）	经济均衡只能是暂时的，而不能是长期的，强调"惯例""搜寻""创新""选择环境"，建立了选择过程的动态演化模型，其中企业是解释产业演进的解释变量[104]。产业的演进是惯例的创生以及由此带来惯例频数分布的变化，同时产业也可能呈现出垄断竞争的格局[105]

表 2-5　　　　　　　产业演进理论之五——产业结构演进理论

理论流派	代表性人物	主要观点
产业结构演进理论	配第（Petty，1690） 霍夫曼（Hoffmam，1931） 克拉克（Clark，1940） 罗斯托（Rostow，1956） 库兹涅茨（Kuznets，1966）	工业的收益比农业多得多，而商业的收益又比工业多得多[106]。配第一克拉克定理（Petty - Clark Theorem）指出，在国民经济发展中，随着人均收入水平的增长，从业者开始从第一产业转移到第二产业；当人均收入水平增长到更高层次时，从业者就会转移到第三产业；从业者在不同产业间的转移是因为国民经济发展过程中这三个产业间收入存在相对差异导致的。霍夫曼依据产业比例变化的程度，将工业化过程划分为四个主要阶段。宫崎勇将产业分为三大类，也就是物质生产部门、网络部门、知识和服务部门。主导产业会影响产业结构的特征和性质，这种影响具有决定性的作用，国民经济的发展过程是主导产业的演进过程[107]

2.2.2　产业演进机理回顾

机理（mechanism）一词有两种解释：一种是指为实现某一特定功能，一定的系统结构中各要素的内在工作方式以及诸要素在一定环境条件下相互联系、相互作用的运行规则和原理；另一种是指事物变化的理由与道理。机理分析可以用在各个方面，如数学建模、企业管理、经济运行、物理或者化学等领域。因此，研究某个产业的演进机理就是研究某个产业从形成、成长、成熟到衰退，然后在创新的作用下形成新的产业结构的动态发展变化的过程。近年来，学者们对产业演进机理的研究主要依据演化经济学理论、自组织理论和增长经济学等理论。关于产业演进机理的研究主要集中于产业演进路径、产业演进动力。

第一，产业演进路径。由于产业演进过程中具有路径依赖和路径锁定的特征，但同时又存在技术创新、制度创新、市场需求等因素迫使产业改变原有路径，所以产业演进过程中有不同的路径可选择。路径依赖描述的是一种具有正反馈机制的体系，如果在外部偶然事件的影响下被系统所采纳，便会沿着一定路径发展演化，而很难被其他潜在的甚至更优的体系所替代。路径依赖是一种客观经济规律，其运行过程可以概括为：给定条件、启动机制、形成状态和退出闭锁。其中给定条件是指偶然事件的发生，它启动并决定了路径选择；启动机制是指系统中的正反馈机制，随着外部偶然事件而启动并运行；形成状态时指正反馈机制的运行使系统出现某种状态或结果——多重均衡、闭锁、非最优路径；退出闭锁是指通过外部力量（如政府政策）实现路径替代。

1982年，纳尔逊和温特提出产业演进过程直接与企业的创新行为相关[104]。影响产业演进路径的因素有很多，有产业内部因素和产业外部影响因素，比如从业人数和投资额等投入约束因素、市场需求变化因素、国际贸易和开放程度因素、产业政策因素、技术水平因素[43]。产业演进路径主要表现在产业技术创新和技术应用，其中市场需求、产业制度等影响了产业技术创新的方向，市场、技术、制度三者之间的协同作用推动了产业演进，决定了产业演进的路径。

路径依赖源于自然科学，后来在经济学中被广泛应用，主要用于研究制度变迁和技术变迁。产业演进的路径依赖是指产业发展过程中的技术变革或制度创新都有与物理学中的惯性相似的特点，也就是只要进入某种路径状态就会依赖这种路径。思诺进一步用路径依赖概念来表示过去的绩效对现在和未来的巨大影响力。1994年，戴维（David, P. A.）提出在某种偶然事件的影响下，非线性的随机系统在正反馈机制的作用下，会沿着固定的路径或轨迹一直演进下去，也就是产业演进的路径是依赖于某一时期产业的上一时期演进方向的演进轨迹[108]。博沂（2006）应用演化博弈理论和随机过程理论，全面系统地分析了产业变迁中路径依赖的产生机理，发现产业变迁中的路径依赖是技术变迁和制度变迁综合作用的结果[44]。刘珂（2007）研究了产业集群升级的机理及路径，提出不同产业集群的升级路径不同，并不是所有的集群都能够嵌入全球价值链[45]。周建安（2007）研究了我国产业结构演进的生态发展路径选择，从产业生态学的角度对我国循环经济国家战略进行理论和案例分析，探讨我国在循环经济实践中实现产业结构生态发展演进的途径[46]。刘玥（2008）研究了产业联动网络演化模型与联动路径，发现技术效率及区域分割是导致我国能源产业核心联动网络联动效率损失的主要因素[47]。

由前面的文献可知，产业演进路径主要是由技术创新、制度创新协同决定的，这两个因素也决定了产业演进的速度和方向。

第二，产业演进动力。1912年，熊彼特提出创新是经济变化过程的实质，创新促进了产业发展、结构转变和动态竞争，企业家和技术创新在"创造性毁灭过程"中发挥着核心作用[109]。1995年，卡罗尔（Carroll）从种群生态学视角出发，讨论了组织与环境的关系，认为环境对产业的发展具有决定性作用，在产业演化中，环境通过资源稀缺和竞争来选择产业发展路径和速度[110]。1997年，福尔斯特和特罗菲莫夫（Folster and Trofimov）认为，R&D外在性是产业生成的主导因素[111]。2002年，符福峘提出战略创新、技术创新、服务创新、经营创新、管理创新是推动21世纪信息服务业发展的不竭动力[48]。2002年，陆国庆提出了在产业演进这一系统中，需求、分工、技术、供给四个动力圈共同构成了产业演进的互动良性回馈,并通过系统的整体效应和网络效应来促进产业的演进[49]。2005年,向吉英认为,产业成长的内源动力机制是企业的竞争与协作[50]。2007年,侯志茹借鉴诸多学者在对产业集群动力机制研究基础上,从集群内外两个层次构建产业集群发展动力机制,并以此为理论分析背景,对东北产业集群发展的动力因素进行了分析[51]。2009年,江霈的研究重心聚焦于当前我国区域产业转移开展的内部动力机制和外部影响因素,特别是那些植根于中国实际、具有一定地域特殊性的机制特点和关键因素[52]。2009年,张会新对我国资源型产业集群的概念、分类、特征等进行了论述,分析了资源型产业集群的识别方法、动力机制、动力演化以及集群政策,提出资源型产业集群的动力机制包括动力结构、动力功能和动力原理三个部分[53]。2009年,朱发仓指出,"生产方式引致的大量化"和"消费需求引致的大量化"在时间、空间、集散等方面发生的矛盾是推动流通产业不断演化与发展的动力[54]。2010年,李明惠等介绍了关于产业集群中构成技术创新的动力、产业集群的技术扩散、产业集群技术创新的政策体系三个方面的研究,并分别作出了评价总结[55]。2011年,马春野对产业系统自组织特性及自组织演化动力机制的逻辑框架进行了研究,并在此基础上构建出产业系统自组织演化的协同动力机制模型[56]。

根据上面的文献可知,产业演进动力在宏观角度上可以表述为制度创新动力和技术创新动力,以及两者的共同作用力,从微观角度上可以表述为产业之间在生产要素、劳动力要素、产品和服务市场等方面的协作动力和竞争动力。产业演进关键依靠技术创新和制度创新,现有文献从宏观动力机制和微观动力机制两个方面进行了研究。但产业演进阶段的辨别方法、产业演进的实证研究、产业演进的完整理论体系等方面依然值得进一步研究。

2.3 信息服务业演进机理文献综述

由于现代信息服务业属于信息产业的重要支柱性分支产业,占信息产业的比重快速增长,由2000年的5.7%升至2010年的21.1%[9],所以本章回顾信息服务业演进机理的文献时,是在信息产业演进机理的文献基础上进行的。

郭银望(Yin-Wang Kwo,1986)调查研究了亚洲国家的跨国公司发展信息产业和推进信息化的方式[112]。日本信息服务业协会(1993)研究了1992年和1993年日本信息服务业发展规模和演进动力[113]。尼尔森和基尔斯蒂(Nilsen and Kirsti,1993)分析了加拿大政府推进电子信息产业演进的政策[114]。莫顿和布鲁斯(Morton and Bruce,1995)详细调查了1970~1994年加拿大政府公布和执行的信息策略,以及如何调整政策来推进信息产业发展[115]。斯瓦鲁帕丹等(Swarupanandan et al.,1995)研究了信息产业集聚和演进,认为该研究有助于经济发展[116]。埃利亚松等(Eliasson et al.,1996)基于计算机和通信产业研究了新一代信息产业的演进[117]。米德尔顿和迈克尔(Middleton and Michael,1997)研究了澳大利亚推进信息产业演进的信息策略[118]。布拉伊姆和斯蒂芬(Braim and Stephen,1998)提出了面对全球信息经济挑战的信息产业策略[119]。科内拉和阿尔方斯(Cornella and Alfons,1998)基于三个角度介绍了西班牙的信息产业演进策略,即信息内容法规、提升和刺激信息交易的规则、政府机构的信息管理[120]。霍顿等(Houghton et al.,1999)概括了信息产业的发展框架和演进框架,包括产业和市场策略,以及产品、服务、市场和产业之间相互影响的关系模型[121]。崔在镕等(Choung et al.,2006)基于技术和制度共同演化的角度研究了韩国信息产业[122]。王欣(2008)基于发展的观点,在时间维度运用复杂系统理论和演化经济学理论从多层次研究了信息产业演化的机理及动力机制,在分析中纳入全要素生产率,在研究人力投入、物资资源投入对信息产业演化的影响,还重点研究了信息资本在信息产业演化中的作用[57]。段伟花(2011)基于系统分岔思想分析了信息技术外包关系演化的内外生动力,构建了信息技术外包关系的动力机制模型,阐明了信息技术外包关系的演化过程,构建了信息技术外包关系的演化路径模型,揭示了IT外包关系的演化机理[58]。

可见,有关现代信息服务业演进的研究主要集中在三个方面:第一方面是研究某个国家或某个地区信息服务业或者信息产业的演进策略和演进动力;第二方面是研究技术创新和制度创新共同作用对信息产业演进的影响机理;第三方面是研究各种资源要素投入对信息产业演进的影响。

2.4 本章小结

本章针对本书的关键问题回顾了研究中涉及的主要文献,主要集中于现代信息服务业的有关文献、产业演进机理的相关文献,以及信息服务业演进机理的相关文献。这些文献是研究现代信息服务业演进机理的坚实文献基础,只有依据坚实完善的文献基础才能使研究具有合理性、前瞻性和创新性。

第 3 章

现代信息服务业概念界定和影响因素分析

3.1 现代信息服务业的概念界定

3.1.1 现代信息服务业的产生

产业发展与成长是动态的,产业始终伴随着社会经济发展而不断演进,产业门类随着社会分工的深化而增多。目前发达国家的经济发展已经发展到以知识和信息为主导的经济形态,也就孕育出了一个新产业——第四产业,其中信息服务业就属于第四产业。信息服务业是信息产业化和服务信息化协同作用产生的结果。分工、技术创新、专业化是信息服务业产生的根本依据。产业的发展与产生是人类生活与生产需求拉动以及生产力系统中科学技术要素推动的结果。产业产生是分工基础上产业成长与科技成长的互动,分工的结果体现为科技专业化与分工的程度深化,导致科学技术成为产业分化、经济成长和产业提升的原始动力,同时不断成长的产业也反过来增加对科技的需求,增强产业的市场竞争力和经济效益并升级原产业,促进其产业优化和结构调整及引导新产业部门的建立。

随着计算机与网络技术的高速发展、专业化和分工趋势的加速,信息服务业不断产业化和独立化。信息服务业已发展为相对完整且独立的分支产业,它既是社会分工深化、生产力提升和产业结构进化的产物;也是现代信息技术作用的直接结果[57]。目前发达国家已经完成了工业经济转向服务经济的过程,并不断用信息化来提升农业、工业、服务业,各国信息产业发展"服务化"趋势日趋明显,信息服务业被誉为 21 世纪的核心产业,是世界经济的新增长点。现代信息服务业是由信息技术与服务内容衍生出来的新兴服务业,已逐步融入国民经济生活的各个环节之中，在推动各行各业实施制度创新与技术进步方面具有突出的支撑引领和驱动作用，同时也成为众多学者关注的研究热点方向。

3.1.2 现代信息服务业的定义和特征

对信息价值的认识起源于奈特（Knight F. H.）[123]1921年提出的："信息是一种主要商品。"对于信息的研究学者主要从两个方向进行研究：一个方向是把信息作为经济决策的要素或商品流通的条件，研究信息在商品流通和工业生产过程中对成本、价格和其他生产要素的影响；另一个方向是把整个信息活动作为一个新产业，研究其价格和价值、供给和需求、收益和规模、产出和投资、融资和投资等产业经济型系列问题。美国经济学家马克卢普是最早把信息当作产业来研究的学者，1962年他撰写的著作《美国的知识生产和分配》第一次提出了知识产业的概念。

国内外学者关于信息服务业定义中的代表性观点如表3-1所示。

表3-1　　　　　　　　　信息服务业定义中的代表性观点

区域或国家的观点	信息服务业的定义
美国	美国信息产业协会将信息产业分为广播网、通信网、通信技术、集成技术、信息服务、信息包、软件服务和信息技术这八类[60]。美国的信息产业协会把信息应用作为关键点来区别信息产业中的子产业，对信息服务业的界定范围较窄
日本	日本一直比较重视研究信息服务业，坚持自己对信息服务业的分类标准，即在大分类中增设"H信息通信业"，中间分类为"37通信业、38广播电视业、39信息服务业、40网络连带服务业、41声像、文字信息制作业"[61]。其中，信息服务业包括：软件业、信息处理服务业、信息提供服务业等
欧盟	大多数欧盟国家主张信息服务业包含信息处理服务、软件产品、网络服务、系统集成、交钥匙系统、专业服务等
中国	国家统计局参考联合国的《全部经济活动的国际标准产业分类》第3.1版，2004年印发了《统计上划分信息相关产业暂行规定》，依据技术手段对信息服务业进行了分类，分为传统信息服务业和现代信息服务业。传统信息服务业的关键特点是在技术缺乏的情况下提供信息服务使用手工方式；现代信息服务业的关键特点是利用电子、计算机等先进技术或工具手段进行信息的获取、传递和使用。随着信息技术的不断创新，信息服务业中的现代信息服务手段逐渐取代传统服务手段

总结国内外学者已经给出的现代信息服务业的相关定义，可以归纳出信息服

务业的特征是：高新技术性、高增值性、高关联性、高渗透性、现代性、智力密集性，具体特征如表3-2所示。

表3-2　　　　　　　　　现代信息服务业的六大特征

现代信息服务业的特征	具体内容
高新技术性	现代信息服务业是随着信息技术快速发展而不断发展起来的，其活动和过程依赖着现代信息技术的改进，对技术具有高度依赖性
高增值性	现代信息服务内容本身具有可以重复利用、深度挖掘的特点，这使得现代信息服务业属于高增值产业
高关联性	现代信息服务业包括生产性服务业和消费性服务业，涉及了第一产业、第二产业和第三产业，所以具有很高的产业关联度
高渗透性	现代信息服务业主要应用信息和网络技术对数据信息进行挖掘、使用、扩散等，继承了信息和网络技术的高渗透性。同时，信息的反馈机制和扩散机制也使信息服务活动日益扩散到社会经济的各个产业部门和不同领域中，其产业价值链包括用户、设备制造商、运营商、内容提供商和软件开发商等
现代性	现代信息服务业与传统产业的概念比较具有现代性，是随着社会分工深化，以及工业化、信息化发展而产生的
智力密集性	现代信息服务业是由知识密集型产业部门组成，主要应用信息技术从事信息资源的开发和利用，具有较高的知识含量，属于智力密集型的服务产业

综合国内外学者的观点，依据现代信息服务业的六个特征，本书将现代信息服务业定义为：现代信息服务业是指依托计算机、网络和通信等现代高新技术，进行信息生成、信息收集、信息处理、信息存储、信息检索、信息利用、信息传输等，为社会和各部门提供信息服务和产品的综合性信息密集型行业，主要包括信息传输服务业、信息技术服务业和信息内容业。

3.1.3　现代信息服务业的范畴

现代信息服务业的特征决定了其范畴是随着社会经济和信息技术的发展而不断动态变化的。并且，随着信息服务业不断渗透到其他产业中，服务范围更加广泛，信息服务业的范畴也会扩大。关于信息服务业的分类和标准，国内外都有不同的划分标准，本书将国外信息服务业的分类归纳为表3-3。

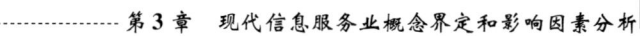

表 3-3　　　　　　　　　国外信息服务业的分类

范畴	信息服务业的分类
美国	网络服务、信息处理服务、系统软件产品、应用软件产品、系统集成、交钥匙系统、作业外包技术服务、专业服务
北美产业分类体系	提供信息服务和产品的传统信息服务业和电子信息服务业
日本	封装软件业、受托开发软件业、信息处理服务业、信息提供服务业、其他信息处理提供服务业
联合国统计委员会	录制媒体出版、复制和印刷业；邮政和电信业；娱乐、文化和体育活动；计算机和有关活动产业
国际产业分类标准（ISICV4.0）	动漫、出版、电视广播音乐出版、计算机软件生产、通信、咨询与相关服务

国家统计局参考联合国的《全部经济活动的国际标准产业分类》第 3.1 版，同时以国家标准 GB/T 4754—2002《国民经济行业分类》为基础，2004 年印发了《统计上划分信息相关产业暂行规定》。该规定明确定义了信息服务业的相关分类，如表 3-4 所示。

表 3-4　　　　　　　　国家统计局关于信息服务业的分类

电子信息传输服务	电信	固定电信服务
		移动电信服务
		其他电信服务
	互联网信息服务	互联网信息服务
	广播电视传输服务	有线广播电视传输服务
		无线广播电视传输服务
	卫星传输服务	卫星传输服务
计算机服务和软件业	计算机服务	计算机系统服务
		数据处理
		计算机维修
		其他计算机服务
	软件服务	基础软件服务
		应用软件服务
		其他软件服务

续表

其他信息相关服务	广播、电视、电影和音像业	广播
		电视
		影视制作与发行
		电影放映
		音像制作
	新闻出版业	新闻业
		图书出版
		报纸出版
		期刊出版
		音像制品出版
		电子出版物出版
		其他出版
	图书馆与档案馆	图书馆
		档案馆

为了深入贯彻落实北京市和国家积极发展信息服务业的要求，国家统计局北京调查总队、北京市统计局联合制定了《北京市信息服务业统计分类》。该分类标准根据信息服务业的活动和概念性质，将信息服务业划分为三大领域：信息传输服务、信息技术服务和信息内容服务。其中，信息传输服务是现代信息服务业的连接枢纽，主要包括广播电视、电信和卫星传输服务；信息技术服务是现代信息服务业的辅助环节，包括以硬件为基础的各种计算机系统服务及软件业；信息内容服务是现代信息服务业的最终环节，也是现代信息服务业的最关键部分，主要包括电信增值服务、互联网信息服务，也包括新闻出版、广播影视与档案、图书等内容，如表3–5所示。

表3–5　　　　　　　　北京市信息服务业统计分类

信息传输服务	电信	固定电信服务
		移动电信服务
	广播电视传输服务	有线广播电视传输服务
		无线广播电视传输服务
	卫星传输服务	卫星传输服务

续表

信息技术服务	计算机服务	计算机系统服务	
		数据处理	
		计算机维修	
		其他计算机服务	
	软件业	基础软件服务	
		应用软件服务	
		其他软件服务	
信息内容服务	电信增值服务	其他电信服务	
	互联网信息服务	互联网信息服务	
	其他信息内容服务	新闻业	
		图书出版	
		报纸出版	
		期刊出版	
		音像制品出版	
		电子出版物出版	
		其他出版	
		广播	
		电视	
		电影制作与发行	
		电影放映	
		音像制作	
		图书馆	
		档案馆	

表3–5的现代信息服务业类目名称基本符合我国目前的国民经济统计口径和产业分类标准。本书将依据表3–5中的信息服务业类目作为产业包含内容和统计范围。

3.2 影响现代信息服务业发展的因素分析

长久以来，现代信息服务业的计量分析与理论分析都是研究者们面临的重要难点问题之一。因此，在研究影响现代信息服务业发展的因素时，应先着重考察和评价现代信息服务业的发展。在现代信息服务业的发展过程中受到很多内外部因素的影响，包括收入、政策、成本等各个方面的影响。研究影响现代信息服务业发展的因素必须遵循五大准则：综合性准则、系统性准则、定量和定性相结合的准则、独立性准则、动态性准则，如表3-6所示。

表3-6　影响现代信息服务业发展的因素必须遵循的五大准则

准则	具体要求
综合性准则	现代信息服务业的内外部影响因素很多，因此应尽可能综合考虑各种因素
系统性准则	现代信息服务业是一个复杂系统，它由很多的指标所组成。这些内外部影响因素是一个由一系列相互补充、相互联系、相互依存的指标所构成的复杂系统
定量和定性相结合的准则	在选取现代信息服务业影响因素时应尽可能采用定量指标，但涉及环境、制度与政策因素的变量，则只能使用定性指标取而代之
独立性准则	在选取内外部影响因素时应尽量使各指标之间不相关，以免给评价结果造成误差
动态性准则	现代信息服务业的内外影响因素既要反映产业的结果状态，也必须反映产业活动的过程

由于现代信息服务业属于信息产业中的关键新型核心子产业，因此在研究现代信息服务业发展的影响因素时可以参考信息产业发展的影响因素。1997年卡耐基—梅隆大学泰珀商学院的费利佩多尔（EIN-DOR，PHILLIP）教授通过研究新加坡、以色列、新西兰三个国家，验证了影响信息产业发展的关键因素是R&D水平、国家政策、教育体系[124]。兰德勒姆（Landrum）研究了提高信息服务业服务质量的影响因素，即从业者人数、基础设施、固定资产投资额、教育水平[125]。2005年，新西兰奥克兰理工大学的菲力克斯（Felix B. Tan）教授借鉴费利佩多尔的模型，同时基于发展中国家的实际情况，得出了IT相关的国外直接投资、地理位置、基础设施、政府政策是影响泰国信息产业发展的关键因素[126]。徐（Hsu）实证研究了电子信息产业的决定因素，从以往的文献中获得了电子信

息产业的内部决定因素,进一步通过实际数据进行判断找到影响电子信息产业的重要因素——政府政策、基础设施、R&D 水平[127]。崔在镕基于技术和制度共同演化的视角研究了韩国信息和通信产业,提出技术创新和制度创新是信息产业的关键影响因素[122]。我国学者王欣提出技术创新、R&D 经费支出、全要素生产率①和信息技术对信息产业的影响较大[57]。陈铭昆等(2010)使用层次分析法(AHC)分析了信息服务业的关键成功因素,得出市场环境、政府政策、从业者人数、教育水平、R&D 水平[128]。杜小明等(2010)通过分析得出固定资产投资额、拥有专利发明数、从业人员和 R&D 经费支出是我国信息产业发展的关键影响因素[62]。各国信息服务业发展的影响因素可总结为表 3-7。

表 3-7　　　　　　　　现代信息服务业的影响因素研究

研究者	影响因素
费利佩多(1997)	R&D 水平、国家政策、教育体系
王凤春(1997)	每万人拥有的电话机数、技术开发能力、科技教育文化
兰德勒姆(2004)	从业者人数、基础设施、固定资产投资额、教育水平
菲力克斯(2005)	国外直接投资、地理位置、基础设施、政府政策
朱春福(2002)	资金、人才
徐(2006)	政府政策、基础设施、R&D 水平
崔在镕(2006)	技术创新、制度创新
王欣(2008)	技术创新、R&D 经费支出、全要素生产率(总产量与全部要素投入量之比)和信息技术
陈铭昆(2010)	市场环境、政府政策、从业者人数、教育水平、R&D 水平
杜小明(2010)	固定资产投资额、拥有专利发明数、从业人员和 R&D 经费支出

本节借鉴了信息产业的关键影响因素,同时从现代信息服务业自身的内部影响因素和外部环境的影响因素两个方面进行客观分析。

3.2.1　现代信息服务业内部影响因素

现代信息服务业的发展都与其自身的相关要素密切相关。无论是企业还是产业

---

① 全要素生产率是指"生产活动在一定时间内的效率",是衡量单位总投入的总产量的生产率指标。即总产量与全部要素投入量之比。全要素生产率的增长率常常被视为科技进步的指标,其有三个来源:效率的改善、技术进步、规模效应。

都有着各种的投入要素,受到产出成本与利润之间的相互关系的限制。只有现代信息服务业在其发展过程中有正向收益的时候,现代信息服务业才能在市场上发展与生存,因此可以把现代信息服务业的投入要素上的相关指标作为其内部影响因素。

由于现代信息服务业是由几个产业部门组成的集合,而且这几个产业部门之间具有异质性,因此对现代信息服务业的内部影响因素的分析则侧重于各分支产业部门具有同质性的要素。现代信息服务业生产的是无形产品,服务类产品的生产者都是劳动力,因此可以认为现代信息服务业最主要的投入要素是劳动力。在现代信息服务业中,生产大部分子产业部门的产品的劳动者都具有专业化知识和技能,现代信息服务业各部门的知识密集性和技术密集性主要体现在劳动力和科学研究开发上,知识和技术的拥有者是劳动力,生产者和使用者也是劳动力自身。同时在一些信息服务业部门中,产品的价值和意义也体现在劳动力上,如信息咨询业和信息分析业,其产品就是相关的专业知识服务,而这些专业性的服务则体现在现代信息服务业的从业者身上,这些从业者是专业性技术和知识的拥有者,而信息服务过程中则需要由他们来实现产品的交易,并且其自身技术的程度高低或专业性知识也直接影响了服务产品的质量和价值,因此,劳动力是现代信息服务业各部门中最为关键的投入要素。

另一个主要的投入要素是资本,体现为固定资产的投资。现代信息服务业的各产业部门对于投资的依赖程度并不尽相同,对于信息传输业,除了劳动力外还需要大量的固定资产投资,相对于其投资比例要高于劳动力所占的比重。对于信息内容服务业而言,劳动力才是关键要素。因此在考量现代信息服务业整体的同时综合考量各产业部门的状况,本书认为,投资要素和劳动力要素是现代信息服务业演进的关键内部因素。

综上所述,现代信息服务业的内部影响因素包括劳动力数量和投资。一般用现代信息服务业从业人数、信息服务业固定资产投资额、R&D 经费这三个指标来表示现代信息服务业的内部影响因素。由于现代信息服务业各子部门的特点不同,除以上的因素外所涉及的影响因素也不相同,本书就不详细叙述了。

3.2.2　现代信息服务业外部影响因素

现代信息服务业与其他产业、社会经济发展、产业政策有着很强的相互影响和相互作用的关系,因此外在关系的影响因素指标也会影响现代信息服务业的演进。

社会经济发展状况会拉动现代信息服务业的演进,其主要影响表现在以下几个方面。

一方面,国民经济的发展决定了对现代信息服务业的拉动程度。国内生产总值的增长会改变现代信息服务业增加值的变化,即拉动了现代信息服务业的演进。经济增长与现代信息服务业的演进之间存在着因果关系,即国民经济发展的整体情况会影响现代信息服务业的演进。

另一方面,经济和社会发展会引发人们对现代信息服务业产品需求的增加和提升。根据经济学基础理论,随着人们收入水平的提高和经济的发展,用于满足人们生活需要的支出随着收入增加也会有所上升,但是支出的上升幅度远不如收入增加的幅度,此时除了人们用于日常生活的必要性支出以外,可支配性消费支出会有大幅度的增加,所以人们开始增加服务类产品的高层次消费需求,从而拉动了现代信息服务业的发展。

除国民经济方面的外部影响因素外,现代信息服务业的外部影响还表现在现代信息服务业发展的政策环境上。现代信息服务业产业的演进会受到产业政策环境的影响,国家的产业政策对现代信息服务业的演进具有导向作用。这种作用主要通过货币政策、税收政策、财政政策来发挥,可以对现代信息服务业的消费和投资起到引导作用,具有鼓励和扶持作用的政策可以刺激对信息服务业类产品消费的增加,拉动现代信息服务业的投资力度,促进现代信息服务业的发展。反之,具有规范和约束作用的政策则会降低或者延缓对信息服务业类产品的消费需求,抑制投资,从而限制现代信息服务业的发展。

综上所述,现代信息服务业的外部影响因素,总结为国民经济总量和市场需求因素,其中,国民经济总量受到人口总量的影响,从而采用人均国内生产总值来表示;市场需求因素包括人均消费性支出、电信主要业务量。

从内部影响因素和外部环境的影响因素两个方面分析可知,现代信息服务业的影响因素主要集中在政府政策、人力资源、资金资源、社会需求等方面[105]。现代信息服务业受到人民的消费能力、国民经济的发展水平、互联网和计算机普及率这些外部因素的影响。同时国家的产业政策导向对现代信息服务业也具有重要的影响作用。一般来说,国家对产业调整的关键手段就是调节财政政策。本书选取了人均GDP、电信主要业务量、城镇现代信息服务业从业人数、现代信息服务业固定资产投资额、R&D经费作为现代信息服务业影响因素考量对象。其中城镇现代信息服务业从业人数、R&D经费这两个指标不仅反映了现代信息服务业劳动力的投入数量,同时也反映出现代信息服务业劳动力的技术创新能力。有关投资额,本书选择了信息服务业固定资产投资额这个指标作为考量对象。

3.3 本章小结

本章回顾了现代信息服务业的形成、发展、定义和特征。同时，详细揭示了各国关于现代信息服务业的范畴，并给出了本书研究现代信息服务业的具体范畴。接着通过定性分析，剖析了影响现代信息服务业发展的内外部关键因素。

第 4 章

现代信息服务业的演进动力研究

现代信息服务业的关键特点,是以信息为载体,依靠技术创新力量的产业。它本身就是一个庞大的新兴产业,而依靠信息的传递和信息化的实现,它又可以紧密地将全社会各产业联系起来。现代信息服务业的演进是一个十分复杂的动态过程,从系统的视角来分析,现代信息服务业的演进过程中受到自身各方面动力因素的影响,也受到外部环境中社会经济和各种其他产业的影响。这些动力因素是多种多样的,它们间的关系也是复杂多变的。现代信息服务业自身的投入要素等微观因素确定了在演进过程中的内生动力,同时,现代信息服务业的外在关系是其外部环境的影响因素。

本章对现代信息服务业的演进动力进行了分析,首先,基于自组织理论研究了产业系统的演进条件、涨落过程。接着依据现代信息服务业的自组织特性,剖析了现代信息服务业演进的条件和过程。在此基础上,解析了现代信息服务业演进的内生动力、外生动力。最后,应用哈肯模型建立了现代信息服务业的演进动力方程。

4.1 现代信息服务业的演进特征

现代信息服务业是一个具有相对独立性的整体产业系统,其发展进程和过程符合自组织理论有关产业系统演进的相关特性,因此,运用自组织理论分析现代信息服务业的产业演进具备相关理论依据,这也是当前学者研究产业演进常用的理论和方法之一。

4.1.1 自组织理论

自组织理论是 20 世纪 60 年代末期形成并发展起来的系统理论,其重点研究复杂自组织系统的形成和发展机制问题,也就是系统本身在特定情况下怎样从无序状态发展为有序状态,从简单有序状态发展为更高层次的有序状态。

德国理论物理学家哈肯(H. Haken)提出,基于组织进化过程能够将组织划分为两种:他组织和自组织。其中,他组织是通过组织周围条件而不断成长的;自组织是周围没有输入条件,通过其内部彼此遵守的条件,各自发挥作用自发构成有序状态[129]。自组织情况是大量存在的,例如自然环境、经济社会中都有自组织情况发生。一般经济系统或者社会系统的自组织能力越强大,该系统发展和创新的水平就越高。

(1) 自组织理论的主要部分。自组织理论主要有三个部分组成:耗散结构理论(dissipative structure)、协同学(synergertios)、突变论(calastrophe theory),其基础思想和关键理论能够全部由协同学和耗散结构理论揭示[63]。

1)耗散结构理论。该理论重点研究系统如何同周围环境交换资源和各种能量等有关方面。构建在与外部环境交换资源和能量基础上的结构就是耗散结构,例如社会系统、经济系统等。出现耗散结构的原因是:处于高度非平衡状态、系统是开放的、系统内部因素是非线性的。高度非平衡状态表示系统不同组织的资源分布高度不均衡,有很大的差别。耗散结构是以比利时物理学家普里戈金为代表的布鲁塞尔学派于1969年首次提出的,它是指不断与外界进行物质、能量、信息交换的开放系统,在远离平衡态的非线性区间,因涨落而形成的稳定的宏观有序结构。耗散结构理论指出,一个远离平衡态的开放系统(力学的或物理、化学、社会、经济的),当其发展变化到某阈值时,由于存在涨落就会发生巨变,在功能或者结构上从开始的无序状况发展为有序状况,进而支撑系统存在、发展和具备一定的稳定性[64]。

耗散结构理论方法,是以耗散结构理论为指导,研究开放系统稳定性和演变过程的一种研究方法。当今这种方法不仅用于各门基础科学的研究中,而且还用于研究生态平衡、人口分布、环境保护和交通运输、城市发展及企事业管理等领域中,收到了很好的效果。

2)协同学。协同学重点分析系统内部因素间的协同机制,提出自组织的基本是系统各要素间的协同关系。系统出现新机构的根本原因是系统内要素间的竞争作用和协同作用[109]。在系统从某个稳定状态飞跃到另一个稳定状态时,系统因素的单独运动或者协同运动达到平衡状态,任何微小的作用都将很快被放大并扩散到全体系统,并形成巨涨落,以此来促进系统发展为稳定有序状态[65]。

协同学理论是德国物理学家哈肯于1976年创立的。协同学理论的中心思想是:系统的宏观性质、宏观行为是由系统内各子系统的性质决定的。协同学给出处于高度非平衡状态的开放系统,在同周围环境不断交换物质资源时,可以从无序转变到有序，这种转变的关键在子系统的内部，在于各子系统在一定条件下相互作用所造成的协同现象。子系统的协同现象导致参量的产生，所产生的序参量反过来支配着子系统的行为，最后导致构成有序的结构[130]。

3）突变论。突变论由法国数学家托姆于1972年提出并创立。它是以拓扑学、奇点理论以及结构稳定性等主要数学工具，研究自然界和社会系统自组织过程中的各种形态、结构的非连续性变化，即突变现象的一种数学分支理论。突变论通过对稳定性的研究，广义地回答了为什么有的事物稳定、有的渐变、有的则突变，为描述和处理事物以不稳定的方式进行的突变过程提供了有效的数学工具[64]。

突变论的根基是稳定性理论，突变是从某种稳定状态发展为不稳定状态，然后飞跃为另一个稳定状态的历程，此时系统中的各种指标和函数会发生相应的变化。突变论指出，同一个系统在相同的影响因素阈值作用下，突变结果依然会不相同，也许会形成不同的新稳定状态，这些新稳定状态都有可能发生。

（2）产业自组织演进的条件。产业复杂性和多样性的根源是其开放性、非平衡性、非线性，这也是产业自组织演进的前提条件和动因[66]。

1）产业的开放性。开放性是指产业系统可以和环境交换能量、信息、物质的特性。产业的周围环境包括所有和产业有关的所有因素，重要的环境有自然条件、技术水平、国民收入等。如果产业不从周围环境获得发展需要的各种物质资源，则不会存在且成长[131]。产业的高效发展必须依靠周围环境投入的物质资源和技术手段；同时还要从中收集各种相关信息资源，保证产业理性发展。在周围环境向产业不断投入的同时，产业也持续向关联产业和组织提供各种资源和服务。产业自组织演进就是基于产业的开放性基础上。

2）产业的非平衡性。产业的平衡状态和非平衡性是相对应的，表示产业与周围环境不存在任何形式的广义资源交换情况。也就是产业在这种形式下与周围环境之间没有任何形式的交流，随着时间的改变，产业的状态变量也不会发生改变。当产业处于平衡状态时，产业就同周围环境是零交换的，产业主要变量是不变的。一般用劳动力、投资等要素及增加值来表示产业的主要变量，产业处于平衡状态时，各种产业间没有物质资源的传递，物质资源不在各个产业部门间重新分配，要素的收益率和边际生产率相同[132]。但是在真实的经济系统中，产业基本上处于不平衡的状态，各种物质资源在不同产业间转移，且要素的收益率、产业的成长速度、各产业的市场状况、在国民经济体系中的地位是不同的、不均衡的。比如2004~2010年现代信息服务业高速发展，同其他分支产业组成不平衡态的整体现代信息服务业系统。大量劳动力和资本会从收益率低的产业部门转移到收益率高的部门，以此支撑市场节奏和高效应用创新型技术。因此，产业系统的基本状况是产业的非均衡态发展。产业在开放性的协助下，非平衡态不断增强，达到远离平衡状态的区域。产业必须远离平衡状态，才能产生有序的产业结构，同时也证明了产业的开放性。

同时由于各个产业发展存在着差异性，这使得研究产业结构调整与产业演进更有理论和实际意义。平衡的前提是非平衡性，只有存在非均衡状态，才有了达到平衡状态的动力，产业系统和社会经济系统才有了演进的动力。

3）产业的非线性。非线性是指产业系统各组成部分之间的不可叠加性和相互作用的特性。非线性是根据产业中各组成要素相互影响的特点进行分类，依据这些特定，能将产业分为线性产业和非线性产业。线性产业是指各组成元素单独对产业系统的作用可以机械简单叠加，这样就构成了各组成元素对产业系统的全部作用。反之，非线性产业系统则是产业系统各组成元素单独对整个系统的作用不能以机械简单叠加的形式来表示对产业系统的全部作用。依据线性叠加的基本要求，只有产业系统中所有组成元素的作用函数都是线性函数时，产业中的全部函数才是线性的。只要有一个元素的作用函数是非线性的，产业就是非线性的。产业系统的演进是各组成元素整体作用的结果，因此也可以说，只要产业系统组成元素中对系统的单独作用至少有一个是非线性的，就可以确定产业系统是非线性演进的。

同时产业分支产业与各变量相互影响的机理不存在线性关系。在产业不断提高生产要素的投入时，产业的产出不会持续增加，且以相同速度增长。现实情况是，当投入达到一定阈值后，产业的产出收益会下降。构成产业的各分支产业间的相互影响不是简单的叠加，而是非线性的，整个产业会表现出新的状态。产业的各种变量因素中有些能对产业产生正反馈影响，有些对产业产生负反馈影响[133]。产业就是在这些正反馈和负反馈的作用下表现出非线性的发展趋势。

不同分支产业间的非线性作用主要体现在各产业间的竞争和协作，比如对相同物质、信息、技术、消费群体的竞争。相同产业链上的上下游产业间主要是协作关系[134]。例如，本书的现代信息服务业中的信息传输服务业、信息技术服务业和信息内容服务业间主要属于互补（合作）关系。现实中，信息传输服务业、信息技术服务业和信息内容服务业的关系往往是错综复杂的，不仅有协作同时也存在竞争。这是现代信息服务业具有非线性和复杂性的根源。

（3）产业演进的涨落过程。在开放环境中，产业内部和外部的多种因素会影响产业的演进。例如，生产要素有时富余，有时会不足，这也会导致产业发生变化。若这些要素的变化不对产业的均衡发展产生影响，只是导致各分支产业数量增减，这种情况就是产业的微涨落，产业能够吸收微涨落。在产业演进过程中微涨落会不断形成，但不会影响产业均衡发展。但是巨涨落会导致支柱产业的产生并快速发展。新技术和新模式导致支柱产业产生。在经济发展过程中，只要支柱产业发生变化就导致整个经济产生连锁反应，最终可能改变经济结构。巨涨落初期只是支柱产业远离原始经济结构，随着远离程度不断变大，最后会形成新的产业结构和秩序[66]。

4.1.2 现代信息服务业自组织演进的条件

根据4.1.1节对自组织理论、产业系统自组织演进的深入分析，可知现代信息服务业是一个开放的、非线性的、非平衡的系统，这是该产业自组织演进的前提条件。因此，现代信息服务业符合产业自组织演进的前提条件和动因。

（1）现代信息服务业的开放性。现代信息服务业的外部环境由所有与其有关联的因素集合而成，例如市场状况、自然环境、经济发展基础，同时也包括信息设备制造业在内的其他相关产业的发展，以及技术创新和产业政策等因素。根据4.1.1节中的分析得知，现代信息服务业具有开放性的特征。现代信息服务业的发展与信息设备制造业等相关产业的发展以及经济的增长息息相关，现代信息服务业需要从周围环境中获取资源和信息，同时也对外界环境输出资源和信息，如图4-1所示。实际上任何一个产业系统都不可能是完全独立的、封闭的，必将会与外界环境有着这样或者那样的联系，其中包括产品、资本、信息、技术、劳动力等诸多方面。特别是对于现代信息服务业而言，其形成与发展都是伴随着社会分工的细化、经济的发展、产业结构的升级、信息技术的发展，由此，现代信息服务业较大程度依赖和影响了经济环境与其他产业。综上所述，现代信息服务业是一个开放性的产业系统，其开放性也是现代信息服务业自组织演进的重要条件和前提。

获取资源和信息 ⇒ 现代信息服务业 ⇒ 输出资源和信息

图4-1 现代信息服务业与外界环境的交互

（2）现代信息服务业的非平衡性。实际上，现实经济社会中非平衡性是任何产业都具有的特征。产业内部的子系统都是非平衡的，子系统之间在产业的增长速度、要素的收益率（依据 Cobb-Douglas 生产函数，要素收益率主要指资本和劳动收益率）、作用地位和需求的扩张方面都不是平衡的，有着或多或少的不同，这种子产业之间的差异化是产业发展的动力之一。现代信息服务业也是这样的，三个分支产业的发展处于不同阶段，社会和市场需求对各子产业发展的要求不同，这些因素就导致了现代信息服务业发展的非平衡性。在现代信息服务业中存在一个或者若干个子产业处于支柱地位，其对整个现代信息服务业发展的关联作用和影响同其他子产业有明显的不同，这也是产生主导产业概念的根本原因。

现代信息服务业中有多个发展阶段不同、规模不同的子产业，由于这些子产业发挥的作用不同，那么在现代信息服务业中所处的地位亦不同，从市场需求和外部环境中能够获得资源与信息的能力也就有差异，导致了经济活动中获得的收益水平有所不同。如现代信息服务业中的信息内容服务业近年来发展比较快，同时也带动了文化创意等相关产业的发展。因此现代信息服务业各分支产业的发展态势是一种非平衡性的，这说明了该产业是一种非平衡性的产业。由于内外部因素的协同作用，现代信息服务业在开放环境下更加有益，效益会更高。其开放程度会随着现代信息服务业的发展而不断放大，这也使得非平衡的作用在该产业中逐渐加强，其逐步从均衡状态附近的小幅波动变成大幅度的偏离均衡状态，也就由均衡的稳定状态逐渐变成远离平衡的不稳定状态。现代信息服务业的这种大幅度偏离平衡，走向非平衡态的过程，也就带动了自身不断演进，最终演进到新的平衡态。因此，现代信息服务业的开放性特性是与非平衡性特性相对应的，是现代信息服务业形成有序结构的必要条件，也可以认为非平衡性进一步补充说明现代信息服务业开放性特性。

在平衡态附近或者平衡态处，外围环境的综合作用只会对现代信息服务业产生较小的影响，外围因素呈现出一种惰性状态，那么此时外在作用力对现代信息服务业的演进动力较弱。当现代信息服务业远离平衡态时，外界环境会有较强的作用力，并且外界环境和现代信息服务业进行交换的信息和物质更多。在某种程度上外在的作用力促使现代信息服务业从无序混乱状态转化为有序状态，推动了现代信息服务业的稳步发展。

（3）现代信息服务业的非线性。事实上不管是现代信息服务业还是其分支产业，其状态变量与各组成元素之间的相互作用机制都是非线性的，最有代表性的就是 Cobb–Douglas 生产函数描述并证明了生产要素和产业产量间的非线性关系。依据混沌理论，现代信息服务业的状态绝不是简单机械叠加各状态变量值的结果，现代信息服务业的变化趋势是非线性的复杂过程，在演进过程中甚至会产生混沌和分岔的现象。根据现代信息服务业的特征，进一步证明了组成现代信息服务业的各元素或分支产业之间的相互作用不是直接简单的叠加，"整体结果大于部分结果总和"是现代信息服务业的主要特征，各组成元素或分支产业在构成现代信息服务业整体时会表现出更强的新特质。在一定条件下现代信息服务业的各状态变量对其演进起到负反馈的弱化作用或正反馈的加强作用，现代信息服务业演进是正负反馈机制共同作用产生的结果。

4.1.3 现代信息服务业自组织演进的过程

产业结构的每一次演进都是该产业原结构丧失平衡性、构建新的有序结构的过程。产业结构演进包括了发生质变的突变过程，也涵盖以量变为主的渐变过程。

(1) 现代信息服务业的不稳定性。虽然产业发展中一直有微涨落，但是这种微涨落不会改变原始产业状况，也不能够改变原来产业系统的稳定性，但是这也意味着产业结构不能够升级和演进。只有产业系统非平衡才能够产生产业系统演进过程的质变。当产业系统偏离平衡程度越大，产业系统呈现出高度不平衡的状态时，在一定条件下产业系统的偏离达到了临界值，此时，产业系统的微涨落在系统非平衡的临界点上产生了放大效应，转化成产业系统的巨涨落，打破了原产业系统的平衡性，使原产业系统的结构模式无法持续，进而产生了有序的新结构，产业系统实现从原有状态向新状态的演进过程，是从一个有序状态演变为另一个有序状态的历程。产业结构的演进就是因为临界点上有放大的涨落效果，同时产业系统本身具有稳定性才得以实现的，即通过产业系统的涨落实现了产业系统的自组织[64]。

产业系统的演进过程表示原有产业结构的消失，同时在新环境下形成了较稳定的新产业结构，这种演进的关键在于子产业系统相互间的非线性作用。在一定条件下产业系统可以演变为非平衡态或者演变为新的平衡态。非平衡的产业系统的状态参数在达到一定的阈值时，产业系统就会出现不稳定状态。当产业系统微涨落在临界值处转变为产业系统巨涨落时，非稳定的产业系统平衡态不断进化到一个新的稳定平衡态，依靠自身的自组织特性产业系统能够在涨落机制基础上实现产业系统状态的演进。

(2) 现代信息服务业的稳定性。产业的稳定表示产业能够保持或者恢复自身状态的能力。产业的稳定性关键表现在特定情况下产业系统的主要变量和基本结构是均衡的。这并不表示产业的状态变量是肯定没有变化的，稳定只代表了或者表示状态变量在长时间范围内的平均值没有变化，实际上产业系统在任一时间点上的状态变量都会发生变化，这种变化表现为产业系统状态变量值持续偏离其均衡水平值，这种偏离是系统中客观存在的，由系统自己产生的，是必然的或者说是不可避免的。在自组织理论中，将这种偏离宏观状态称为产业系统的涨落[131]。

可以用表达式（4-1）来描述。

$$\overline{Y}(t) = Y + y(t) \qquad (4-1)$$

其中，$\overline{Y}$ 是产业系统状态变量的即时平均值，$y(t)$ 是产业系统的涨落。产业系统的涨落分为两种：微涨落和巨涨落。在一段时间内产业系统的状态变量保持平衡状态，那么这一段时间在整体上产业系统是稳定的，产业系统的各种内部关系和结构均处于稳定状态，也就是相对没有变化或者变化微小，从宏观上看产业结构是平衡的，即净产值、劳动力以及资本投入等指标比例的长期平均值变化甚小或保持不变。但是，从产业系统局部状态的角度来说，产业内部始终存在着波动，则会发现劳动力和资本投入等在各个产业间不断流动，同时各产业的净产值也在不断变动，此时产业系统的涨落表现为内部微小的波动，也不会对整体产业的稳定性产生影响，这段时间的涨落被称为产业系统演进过程中的微涨落。而产业系统的巨涨落是由微涨落在一定条件下演变而成的，从而改变了现有产业结构的稳定状态，出现了非平衡的状态。巨涨落会导致产业结构发生变化，并使产业结构发展为非平衡，最终形成新产业结构后处于新平衡状态。产业的自组织演进可由图4-2表示。巨涨落与微涨落之间有着相关性，在一定条件下不确定的或随机的微涨落必然演变成巨涨落。在现代信息服务业演进过程中，发展趋势表现为从单一到多样、从无结构到有结构的趋势。

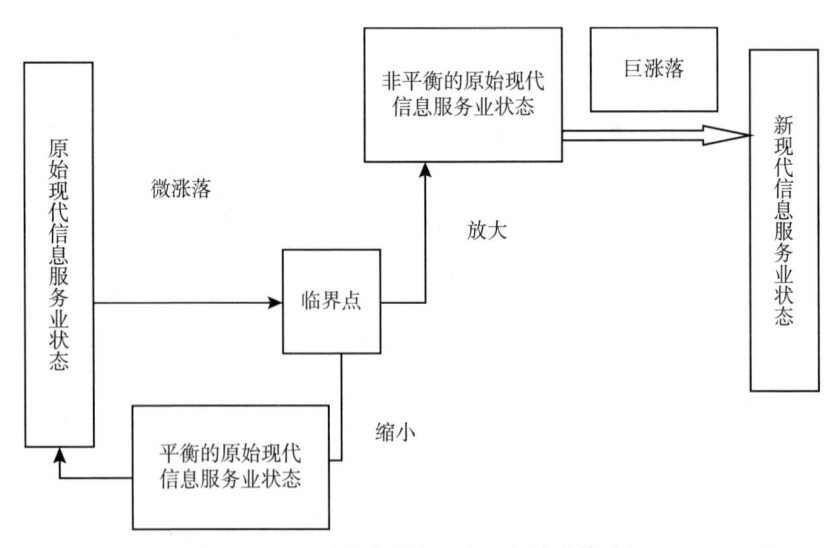

图4-2 现代信息服务业自组织演进的过程

现代信息服务业也是通过涨落触发、旧结构失稳产生新的结构和新的产业的过程。促使产业结构演进的巨涨落会持续一段时间，在这段时间内，在巨涨落的影响下，现代信息服务业形成各种子产业并迅速发展壮大，同时一些旧产业可能会衰落。

生产率上升率和收入弹性条件是微涨落中能够成长为宏观巨涨落的临界条件。其中收入弹性指的是某种产品的需求收入弹性，即某一种社会产品的需求增长率同国民收入增长率的比，也就是随着国民收入的提高，大家对某种产品的需求减少或增加的程度。

现代信息服务业产品的收入弹性公式如下：

$$\rho = \frac{\text{现代信息服务业产品的需求增长率}}{\text{国民收入增长率}} \quad (4-2)$$

其中，ρ 为产品需求收入弹性。

当现代信息服务业产品的需求收入弹性增加，那么信息服务业的市场容量就增大，由此现代信息服务业的发展就会提速，接着其在国家产业结构中的比重就会改变。现代信息服务业产品的需求量增大还不能使其成为国民经济发展中的支柱产业。由于现代信息服务业的生产率和收入弹性高，相关其他行业为了满足信息服务业发展的需要也被带动起来了。现代信息产业和相关产业的协同作用，将微涨落变成巨涨落，最后导致旧产业结构发生巨大变化。

4.2 现代信息服务业的演进动力

"动力"主要有两个意思：一是物理学中使机械做工的各种力，如电力、风力、水力、热力等；二是推动工作、事业等发展的力量。在牛顿的力学体系中，动力是外物对物体的作用力，是推动物体运动的力量，也就是以上第一种含义；在系统科学领域中，动力是非平衡，非平衡就是有差距，有差距才有力量，在这里动力就是差距的存在带来的引起事物消除差距的力量；在经济学领域中，动力就是引起事物发生的原因，推动和引导事物发展的力量。

"机制"一词最早源于希腊文，原指机器的构造方式或工作原理或有机体的构造、功能及其相互关系。在生物学和医学领域中，机制用在研究一种生物的功能（例如，光合作用或肌肉收缩）时，常常指功能的内在工作方式，包括有关生物结构组成部分的相互关系以及其间发生的各种变化过程的物理、化学性质和相互关系，阐明一种生物功能的机制，意味着对它的认识已经从现象的描述到本质的说明。

在社会经济领域中，机制指系统的内在机能与运行方式，是保持系统持续有效运行的要素功能的强化及重组。也就是说，机制是系统内部的一组特殊的约束关系，它通过微观层次运动的控制、引导和激励来使系统微观层次的相互作用转化为宏观的定向运动。在经济学领域中，经济机制是经济体内各组成元素间相互影响和作用的关系。因此动力机制中的机制就是规律、机理、制度、方法、手段等的总称。动力机制（dynamics mechanism）就是把上述二者结合起来，即系统动力按照特殊约束关系所进行的演进运动，是指推动事物发展的动力要素以及这些要素在事物发展过程中如何起作用。

现代信息服务业中的动力是指推动其形成和发展的一切因素。在现代信息服务业发展过程中表现为内生动力和外生动力。动力机制是指推动系统发展的各种动力要素以及在系统发展过程中这些动力要素如何发挥作用。动力机制基于经济学角度主要是指经济系统在其发展过程中受到的来自经济系统外部和内部的各种力量，以及这些力量的结构、构成要素、作用机理和作用过程等形成的统一体。国外研究者经常使用 dynamic mechanism，dynamics，dynamism 等来表示动力机制。目前国内外研究者对动力机制的研究集中于引起事情发生的原因、要素，推动事情演进和发展的原因、要素，以及在事情发展和形成中各种要素是如何起作用的。

任何产业的形成与发展都有其外在的和内在的多方面的原因。分析现代信息服务业的演进动力机制就是基于内生和外生各种因素的相互作用下，找到现代信息服务业从一种有序的状态转变成新的有序状态的原因，具体来说，就是各种因素不断作用的历程和方式。现代信息服务业的演进动力主要来自其外生动力因素和内生因素的作用。现代信息服务业的内生动力因素就是指产业内部分支产业间的影响和相互作用。也就是现代信息服务业的发展是产业自组织演进的自适应过程，是内部各种动力因素间协同运动和外部因素共同作用的结果。具体来说，内生动力包括现代信息服务业各子产业间的竞争和协作动力，其中竞争动力主要是竞争劳动力和资本的分配；外生动力主要包括技术创新、市场需求、国家产业政策、基础设施、社会分工和其他相关产业等因素。内部要素和外部因素之间是相关的互动作用，各种因素相互作用的方式和过程构成了现代信息服务业演进的动力机制。现代信息产业是一个动态复杂的演进产业系统，随着时间的推移它在内部结构调整和外部环境变化的交互作用下不断演进。现代信息服务业内生与外生的动力机制如图4-3所示。

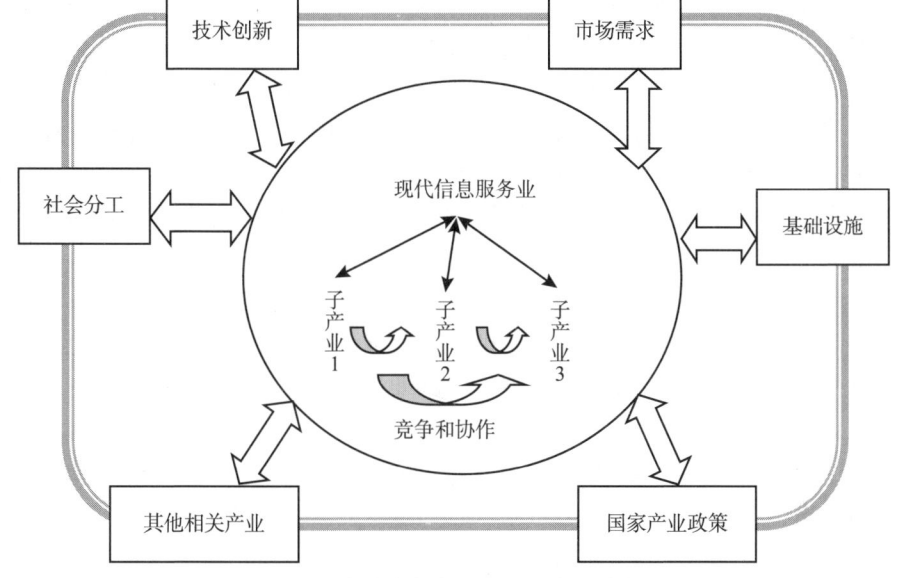

图 4-3 现代信息服务业内生和外生动力机制

4.2.1 现代信息服务业演进的内生动力

现代信息服务业是自组织的产业系统，要想实现其不断演进和健康发展，现代信息服务业本身的内生动力能激发其发展潜力和内在竞争优势。这些内生动力只有在现代信息服务业中相互作用，才能产生拉动现代信息服务业演进的内生动力机制，这些相互作用的动力机制概述为协作机制与竞争机制。

（1）协作机制。根据前面的子产业演进过程可以得出，现代信息服务业的各子产业具有协同作用，现代信息服务业的各子产业之间的协作与共生是推动现代信息服务业演进的关键内生动力。就像现代信息服务业与信息设备制造业的共生关系一样，现代信息服务业内部子产业的协作关系也是一种相互作用、相互影响的共生互惠关系。对于各子产业来说，不仅需要其他产业给自己提供服务产品，同时自己也要向其他产业或者外界提供服务或者产品。服务或者产品不断流通的方式，会使现代信息服务业各子产业部门之间的协作关系不断复杂和密切，形成关系复杂的网络。

从现代信息服务业演进的整体过程来说，其关键动力因素并不是竞争，由于现代信息服务业子产业间有差异，对一些分支产业来说，其投入要素具有产业自身的专属性。所以相对而言在现代信息服务业的内生动力机制中，现代信息服务业各子产业部门间的协同作用才具有关键主导作用。

(2) 竞争机制。在经济环境下追逐利益是产业发展的根本原因，也就促使竞争情况发生，产业演进的整个历程都存在竞争。在现代信息服务业产业内部，除了信息服务业类企业间需要消费者外，更关键的是竞争生产要素。

现代信息服务业的竞争具有两层含义。第一层的含义是现代信息服务业中的基本组成成分行业间的竞争，这种竞争是竞争物质原料和市场，并且促使信息服务业类企业发现新的优势，然后扩大生产，从而提升整个现代信息服务业的优势，最终推动现代信息服务业的演进。第二层的含义是现代信息服务业各子产业部门之间的竞争，现代信息服务业的子产业从行业划分的角度来看没有竞争关系，同时子产业提供的产品也是不同的，不能够互相替换，但是人们对产品的消费需求是多样化的，现代信息服务业的各服务产品间还是存在着没有表现出来的隐藏的竞争关系。例如，信息传输服务业的有关产品，在卫星传输不断增长且电信业务不断创新的情况下，电信服务商不会是唯一提供信息传输业务的服务商，也存在其他市场争夺者。除此之外，现代信息服务业各子产业间十分突出的竞争是生产要素。有限的生产要素是制约产业发展的关键阻力，在投入要素有限的条件下，每个产业如何尽可能地获取最多资源是其必须考虑的问题，这也就是现代信息服务业各子产业竞争的焦点。由于现代信息服务业是技术密集型、信息密集型的高新技术服务型产业，关键的生产要素就是技术及信息等，其中的从业者就是相关生产要素的传播者，那么争夺生产要素关键就表现在争夺从业者，对这种生产要素的竞争决定了产业的发展状况和整体作用。

产业竞争会导致各产业全力争夺各种生产要素，同时不断提升产业自身核心能力和产业优势，进一步推进产业的创新，这些制度、管理、技术等层面的创新会从根本上推动现代信息服务业的演进，也就使得现代信息服务业偏离原来的稳定状态，有序地向更高层次的状态发展。

所有自组织系统中都存在协作和竞争这对矛盾体，其演进历程就是协作和竞争相互推动的历程。竞争是产业演进中最关键的动力，是子产业间演进存在不平衡性和区别的根基。各子产业适应外部环境和条件以及相应的反应不同，那么其获取能量、信息、物质的水平也存在差异。而协作是指要素间的相互作用和相互联系，使得各要素可以协作产生协同效应。现代信息服务业内部的协同效应主要表现在相互协作上，各子产业之间存在相互促进、相互依赖的关系，从而使能量、信息、物质的流动加快，进而推动现代信息服务业的整体演进。

4.2.2 现代信息服务业演进的外生动力

随着经济增长方式转变和经济全球化的发展，现代信息服务业是适应社会发展需要、产业结构需要、社会分工的深化和信息技术的发展而诞生的新产业。由于现代信息服务业具有产业集合的特性，其本身是复杂的社会经济大系统中的一个子系统，那么就要综合考虑现代信息服务业的外生动力。主要的外生动力有技术进步、市场需求、产业政策、基础设施、社会分工和其他相关产业等因素。本节主要研究技术创新、市场需求、产业政策、基础设施、社会分工这五个关键外生动力因素。

（1）技术创新。熊彼特第一次在《经济发展理论》(The Theory of Economic Development) 中系统地提出了技术创新理论 (technical innovation theory)[136]。"创新"可以被认为是"一种新的生产函数的建立"(the setting up of a new product in function)，也就是重新组合生产条件和生产要素，且这种组合是之前没有实现的，并将这种组合引入生产体系中。产业结构演进的主要动力之一就是技术创新，技术创新是产业演进的推动器。产业的运作方式是直接由技术创新改变的，技术创新也会刺激人们改变商品或者服务业的需求，从而带动现代信息服务业的演进。技术创新给定了现代信息服务业演进的速度和趋势，使产业演进具备了技术水平，同时给定了产业演进的整体过程。

技术创新的发展与产生呈现出非平衡性，现代信息服务业中各子产业的技术创新水平是不一样的，这就说明技术创新与创新过程在各子产业中的影响力和地位是不一样的。现代信息服务业中的信息技术服务业是与科学技术创新和提升紧密关联的产业，也能说明其是科技提升的促进者与创造者。某些技术创新最先出现在现代信息服务业内，且不断从现代信息服务业扩散到整个产业系统中，同时新技术也可能来自其他产业，并不断扩散到现代信息服务业中。技术创新在现代信息服务业中的非均衡性更加突出，这是由于存在技术创新水平差异，同时现代信息服务业各子产业的区别也促使这种非均衡性扩大。

从需求和供给两方面分析技术创新对现代信息服务业演进的影响。从需求方面看，不断变动的需求结构和社会需求直接影响现代信息服务业的要素投入，促使现代信息服务业结构发生相应变化。技术创新创造和刺激了新的需求，构建了新的产业部门，从需求方面拉动现代信息服务业的演进，推动现代信息服务业有序演进。同时，技术创新也促使现代信息服务业不断更新现有服务产品，获得更大的市场空间。技术创新对现代信息服务业服务产品发展空间的影响可以分为三种情况：一是降低服务产品成本；二是增加产品品种或者功能，技术创新使现代信息服务业的产品品种或功能增加，进一步拓宽了产品的市场范围，从而增大了现代信息服务业的发展空间；三是提升了产品质量，随着技术创新的发展，产品质量也会得到提高，同时也扩大了产品使用范围，增加了需求，使现代信息服务业的发展空间得以增大。综上所述，技术创新提高了现代信息服务业的生产率，使其产品升级换代,增加了产品的品种和数量,同时不断降低对资源的消耗,促进现代信息服务业结构升级。从供给方面看,随着现代信息服务业技术创新和技术创新的发展,其要素投入配比会产生变化,进一步影响现代信息服务业产出的变化。这些变化主要表现在三个方面:一是技术创新不断提高了生产过程的专业化和社会化程度,使大规模生产成为可能;二是技术创新使现代信息服务业的生产效率更高,使其在扩大规模的同时,产业结构也会发生变动;三是技术创新促进了劳动者素质的提高,为现代信息服务业的演进提供了高素质的人才。

(2)市场需求。需求在微观经济学中的定义为:在具体的时间、一定的价格条件下对一种商品愿意而且能够购买的数量[50]。市场需求是产业产生的根本原因,产业演进的趋势符合需求变化的趋势,市场需求会调整产业结构。因此市场需求为产业演进的第一动力要素。

现代信息服务业产生和壮大的原动力是市场需求,这种需求是可以完成的有效需要。依据马斯洛的需求层次论,需求分为五个层次,比如生理需求、安全需求、社会需求等。而且有效需求可以逐渐促进现代信息服务业供给服务或者产品,进而使现代信息服务业得以形成和不断优化。

一方面,人民生活水平不断提高使得有关现代信息服务业的需求大幅度增长。随着生活水平和收入水平的提高,人们的消费层次不断从物质产品提升为服务类产品,相对于现代信息设备制造业,其产品有较大的收入弹性,在人们收入提高的情况下更能够带动消费需求。另一方面,随着工业化进程的逐渐加快,产业链不断延伸,各产业间的交易额不断扩大,中间产品投入的增长促使服务类产品中间投入的增长,随之以服务业为主体的现代信息服务业的需求也不断增加。现代信息服务业和其他产业间有着紧密的关联关系,这种关系有与信息产品制造业间的关系,也有与各现代信息服务业子产业间的关系。现代信息服务业可以推进信息产品制造业改善产品或者制造新的产品,同时降低其生产成本,这有助于构造和提升信息设备制造业产品的竞争力。除此之外,城市化进程的发展也扩大了对现代信息服务业产品需求的种类。现代信息服务业的变化趋势和需求总量直接受到城市人口变化的影响,城市化进程必然会长期带动现代信息服务业产品需求总量的上升,这也是现代信息服务业演进的其中一个长期动力。

市场需求拉动现代信息服务业的作用并不会快速引起现代信息服务业的产业演进,产业演进历程是长期的,市场需求初期的影响不突出,只有少数行业为了应对这种需求变化采取应对措施,不会导致大规模发展态势,只有市场需求产生巨变,现代信息服务业的各子产业在利益和生存的推动下才会随之进行调整,进而实现了现代信息服务业整个产业的演进。

（3）产业政策。在很大程度上，产业演进受到政府相关政策的推动，政策是产业演进最重要的保障之一。财政政策、产业政策等会直接加速或者降低现代信息服务业的演进速度，甚至会改变现代信息服务业演进的方向。制度经济学的代表人物马歇尔、凡伯伦等认为，推动产业演进的主要动力是政府出台的相关鼓励政策。

一方面，由于我国现代信息服务业的发展时间还不长，其市场地位还不是很强，政策方面的影响力就显得更加突出。在某种程度上国家宏观政策会降低或刺激市场对现代信息服务业产品的需求，从而直接影响产业的良性发展。另一方面，针对现代信息服务业的相关政策将直接作用到投资者对现代信息服务业的要素投入，进而影响产业规模的增长以及产业未来的演进方向。国家政策对现代信息服务业演进的制约和影响主要表现在以下四个方面。

1）国家政策影响产业结构的发展和形成。政府对新产业的发展和成长具有十分直接和显著的影响，政府的正确支持和引导以及合理的相应政策对现代信息服务业的成长将是一种推动。在现代信息服务业演进中，现代信息服务业会不断扩张，需要产业进入政策、适宜的企业兼并政策、完善的产业融资政策等。同时还需要相应地保护现代信息服务业的措施，因此需要配额、汇率、关税等相应进出口政策。可见现代信息服务业的发展和形成都是与政策紧密相关的。

2）国家政策决定现代信息服务业的特征和性质。在市场经济环境下，市场机制以价格机制为核心，通过调节总的供求比例关系来调节资源配置的均衡，同时也调节了现代信息服务业的发展方向以及现代信息服务业结构的变动趋势。外部政策只能产生间接作用，政府主要依靠相对完善的市场参数来影响现代信息服务业的结构。

3）国家政策制约现代信息服务业的优化和升级。在现代信息服务业演进的每个阶段，要求有与之相适应的发展政策，适合的政策能最大程度地发挥生产要素的作用，这是实现现代信息服务业提升的前提。现代信息服务业产业结构的升级构建了新的经济增长方式和增长机制，会进一步要求调整相应的政策。在现代信息服务业升级的阶段中，一方面，通过政策变迁来改变生产要素的配置，使生产要素的配置在不同子产业部门中有所不同，进而优化协调现代信息服务业的产业结构；另一方面，通过政策变迁加速技术创新，提高产品和生产过程中的科技含量，促进现代信息服务业升级。

4）国家政策对现代信息服务业子产业的影响。政策也会影响现代信息服务业及其子产业人均产值在人均总产值中的份额。政策通过改变人类消费需求的先后次序，进一步会影响需求结构，由于现代信息服务业各子产业对需求的敏感度不同，从而对不同子产业的影响也不同。政策变迁的轨迹由收益递增决定，在我国人均收入不断提高的情况下，政策对农业部门的影响要小于对非农部门的影响。同时随着收益递增，由于适应性预期、协调效应、学习效应，制度变迁中自我强化机制就会一直保持特定政策的演进轨迹，进而也决定了现代信息服务业的演进轨迹。

（4）基础设施。建设信息基础设施需要投入大量的资金。信息基础设施建设是现代信息服务业演进的技术支撑和基础条件，同时也会刺激国内市场对信息服务和信息产品的需求。信息基础设施对现代信息服务业演进有很大的影响，现代信息服务业演进的历程，是建设、改造和利用信息基础设施的历程。信息基础设施的区域分布是不均衡的且有规律的，各种信息基础设施间能够相互促进、相互影响。各区域现代信息服务业的演进会因为信息基础设施条件存在差异而不相同，其对现代信息服务业演进来说具有决定性作用，不同的信息基础设施决定不同国家或者区域现代信息服务业的演进结果和趋势。

信息基础设施的分布影响了现代信息服务业的布局。信息基础设施影响区域现代信息服务业结构，信息基础设施越好，使用成本就会越低，现代信息服务业就有了发展优势。信息基础设施的好坏影响现代信息服务业服务产品的质量。信息基础设施是现代信息服务业发展的物质基础，一般在产业发展时都会注意发挥物质资源优势，优先发展可以使用的有基础的产业，以进一步带动其他产业。在信息化过程中，信息基础设施是决定现代信息服务业的基本因素，某区域拥有的信息基础设施质量、数量、种类就成为信息化发展方式和速度的主要因素。

（5）社会分工。依据经济学的基本理论可知，社会分工是经济发展和产业发展的重要结果。每一次技术革命都会促进社会分工细化，提升产业发展的水平。随着知识要素分工的开始，从原产业中又细化出了以知识为主的产业，这中间的一些产业组成了现代信息服务业的发展基础。信息或知识作为关键生产要素使得信息技术能广泛应用于产业中，形成了以信息和知识为关键生产要素的信息服务类产业。斯密定理认为，市场范围会限制分工，只有随市场范围的扩大当社会对某一服务或产品的需求增长到一定程度时，才会出现和存在专业化的生产者。随着不断扩大的市场范围，专业化和分工的程度也会不断提高。

为了实现专业化生产，传统的信息产品制造业必须与原来信息服务类产业分离，集中在产品生产方面。社会分工的专业化和深化需求还推动了技术的专门化，在服务外化的过程中专门以专业化为基础的现代信息服务业部门开始发展和壮大。

社会分工的作用体现为三方面：第一方面是中间类产品和服务在分工不断细

化的作用下层次增多，为产业演进提供了更多的层次和需求规模，从而促进了现代信息服务业的演进；第二方面是细化的分工促进了知识和技术的积累，知识和技术是现代信息服务业演进的基础，是技术创新与进步的根本力量，随着知识和技术的不断积累，在社会经济中以知识密集型和技术密集型为主的现代信息服务业的地位也不断得到提升与巩固；第三方面是分工细化使现代信息服务业的服务产品的成本降低了，有了更多的附加价值，又反过来增加了市场对现代信息服务业的需求。

概括起来社会分工对现代信息服务业演进的影响具体表现在以下四个方面。

1) 产业专业化影响产业规模的扩张。随着专业化分工程度加深，最佳的生产规模也就越大，生产的集中程度在市场容量有限的情况下也就越强。产业间活动的互补性也随着专业化分工细化而不断加强。专业化是推动产业规模扩张的原始动力，使产业内部许多生产操作或工艺阶段接近或达到最优生产规模水平，增强了产业的竞争力，也使产业具备了进一步扩张的资本。产业规模化的前提是产业专业化，产业为了实现专业化分工产生的规模效益，会采用组织创新与技术创新，推进产业规模扩张与专业化程度。

2) 产生内生比较利益。伴随着分工的演进和细化，专业化生产会创造"内生比较利益"。随着分工水平的提高，内生比较利益不断增加，而交易效率决定了分工水平，所以交易效率与内生比较利益正相关。当众多专业化企业组成产业时，内生比较利益就会创造产业规模递增报酬，从而提升生产率和降低单位成本。同时专业化分工可以提高劳动者的工作熟练程度，进而产生学习效应，促进产业技术创新和进步。

3) 放大产业结构调整的效应。基于专业化和分工基础上的产业结构调整，事实上是调整专业化和分工所形成的生产系统的过程，一方面，可以降低各专业化子产业因生产条件差异而造成的相互间的不匹配，减少各种资源的浪费和闲置；另一方面，可以提高产业内各子产业之间的聚合质量，有效提高各种资源的利用率。因为外部经济效果的存在，各子产业各自进行生产活动的成果总和小于这些产业同时进行生产活动的整体效果，创造出放大效应。放大效应随着产业结构调整的聚合质量提升而不断放大。

4) 产生国际分工效应。随着经济全球化和跨国公司不断推进全球配置资源，产业分工从产业内分工和产业间分工转换成产品内分工，进一步细化。同时生产分工、贸易分工转为价值链分工和要素分工，产业分工协作向更广领域、更深层次发展，以最大限度提高产出效益和降低成本，带来了产业演进和产业分化的复杂性和多样性。

社会分工对现代信息服务业的最明显的作用是促使现代信息服务业的外部

化。现代信息服务业的演进存在着一个趋势，即现代信息服务业内部化向外部化的演进。

4.3 现代信息服务业演进动力方程

4.3.1 哈肯模型

随着时间的变化，现代信息服务业会表现出一定的规律性。现代信息服务业的产出也随着时间变化而发生变化，如果仅仅用现代信息服务业的产出预测和分析其演进的趋势，这种预测和分析只是体现了现代信息服务业外在的变化。而现代信息服务业演进动力的影响才能对其起到根本作用，一般情况下，这种演进动力与机制的影响主要体现在其结构的演进过程。为了分析现代信息服务业的演进动力对自身演进的影响，本书使用协同学和自组织理论的方法来构建现代信息服务业的演进动力模型，分析其演进的趋势和状况。自组织理论是产业演进机理的理论基础，其重要观点是在随机涨落的触发下，在外部控制参数达到阈值时产业通过突变而形成更有序的新结构。

现代信息服务业内部的各子产业对整个产业的影响和性质是不同的且不平衡的，当变动的控制参量把产业推过平衡点时，这种影响的差异就明显表现出来了，产业内部子产业发展存在的不稳定性是产业演进的动因。不稳定性指的是在某个不稳定点即使是轻微的变化，也可以导致整个产业的巨大变化[67]。依据协同学理论的主要观点，一般产业自组织过程只由少量的序参量来决定，重视在有序的演进过程中涨落所起的关键作用[68]。

协同学为产业自组织演进提供了动力机制理论基础，也就是产业内各子产业间的合作与相互竞争对整体产业的非加和性贡献，使产业自组织发展，并且使产业从无序向有序方向自主演进。所以很多专家学者将协同学和自组织理论的观点应用到产业演进和经济演进的研究中。郭莉（2005）通过实证分析证明了产业生态系统演进的序参量是反映环境科技进步的环保生产率，基于自组织理论视角证明了生态工业的发展关键是依靠技术创新的影响这一主要结论[79]。赵玉林等（2007）在哈肯模型的基础上运用自组织理论和方法，构建了高技术产业化过程的演化方程，并进行了定量化的实证研究，证明了研究开发投入强度是高技术产业化过程中的序参量，得出了促进高技术产业快速发展必须依靠高科技成果转化与研究开发投入的协同作用这一主要结论[80]。熊斌等（2011）在哈肯模型的基础上揭示了科技创新团队的自组织表征,构建了科技创新团队系统演进方程,选取并分析协同力和团队创新力作为关键状态变量,并分析了科技创新团队系统的演化机制,为探索科技创新团队的发展提供了参考理论[81]。

因此,随着产业中各个子产业对整体产业的影响和性质的差异不断增加,可以分辨出慢变量和快变量,慢变量控制着产业的演进过程,也掌控着快变量的行为,并成为产业结构的序参量[67]。使用协同学的具体方法,可知分析序参量的方法是先设定快变量和慢变量,然后计算并判断出快变量,进而发现产业演进的非平衡点,去掉快变量即可得到产业序参量方程。哈肯模型假定某个产业由两个子产业构成,假设子产业 A 的状态变量为 q_1,子产业 B 的状态变量为 q_2,那么模型的基本形式是:

$$\dot{q}_1 = -\gamma_1 q_1 - \alpha q_1 q_2 \tag{4-3}$$

$$\dot{q}_2 = -\gamma_2 q_2 + \beta q_1^2 \tag{4-4}$$

以上两个方程反映了子产业 A 和子产业 B 相互作用的关系。其中 γ_1 和 γ_2 是阻尼系数,α 和 β 则表示了 q_1 和 q_2 的相互作用强度,称为产业的控制参数。经过推导可以得到,产业系统在上述条件下有一定态解: $q_1 = q_2 = 0$。

假定如果子产业 A 不存在时,子产业 B 是阻尼的(也就是由于产业自身的原因和/或外界作用触发的变化幅度不断下降的现象),即 $\gamma_2 > 0$。假设 $\gamma_2 \gg \gamma_1$,则表明状态变量 $\dot{q}_2$ 是产业中迅速衰减的快变量,所以可以采用绝热近似,令 $\dot{q}_2 \approx 0$,从方程(4-4)可得:

$$q_2(t) \approx \frac{\beta}{\gamma_2} q_1^2(t) \tag{4-5}$$

方程(4-5)表明变量 q_2 由变量 q_1 决定,也就是 q_2 因为 q_1 的改变而改变,进一步说明子产业 A 支配了子产业 B。子产业 A 的阻尼系数是产业系统的序参量,阻尼小,通过自身支配能力构建产业系统的产业结构,进而决定着产业的演进方向。将方程(4-5)代入方程(4-3)中可以得到序参量方程:

$$\dot{q}_1 = -\gamma_1 q_1 - \frac{\alpha\beta}{\gamma_2} q_1^3 \tag{4-6}$$

通过进一步求解得出产业系统演进的势函数:

$$v = 0.5\gamma_1 q_1^2 + \frac{\alpha\beta}{4\gamma_2} q_1^4 \tag{4-7}$$

方程(4-7)存在两种状态情况: 当 $\gamma_1 > 0$ 时,序参量方程(4-6)有唯一稳定的解 $q_1 = 0$,可以得到产业演进的趋势图,如图 4-4 所示。

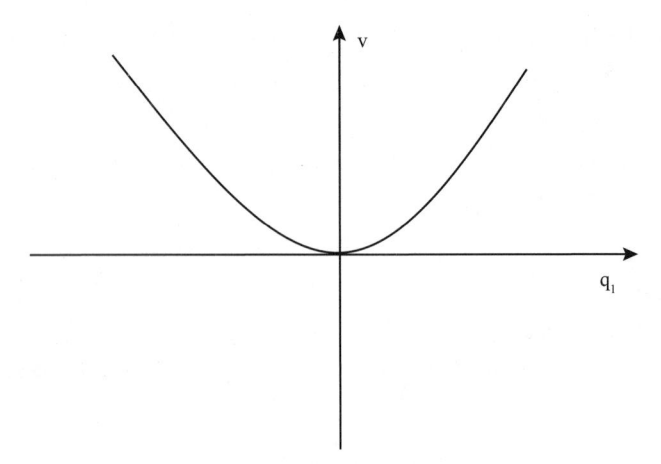

图 4-4　有唯一稳定解的产业演进趋势

当 $\gamma_1 < 0$ 时，序参量方程（4-6）有 3 个解，其中 $q_1^1 = 0$，$q_1^2 = \sqrt{-\dfrac{\gamma_1 \gamma_2}{\alpha \beta}}$，$q_1^3 = -\sqrt{-\dfrac{\gamma_1 \gamma_2}{\alpha \beta}}$。这 3 个解中 q_1^1 是不稳定解，q_1^2 和 q_1^3 是稳定解，可以得到产业演进的趋势图，如图 4-5 所示。

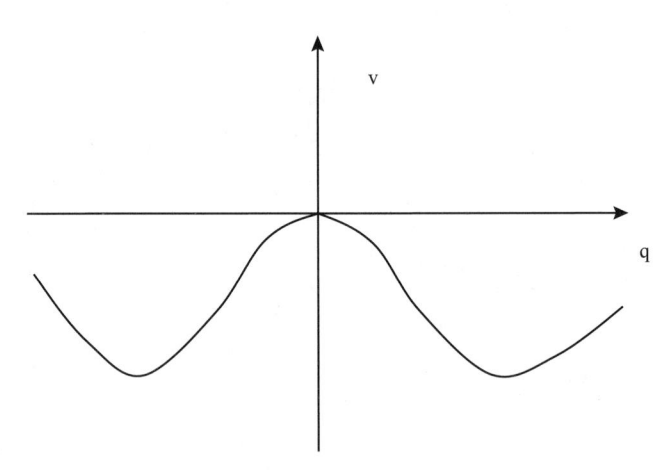

图 4-5　有多个稳定解的产业演进趋势

基于哈肯模型的产业演进趋势说明由一个稳定解到另一个稳定解的过程，其实就是产业通过突变从其中一个有序的稳定态迁移到另一个新的稳定态的过程。这就是基本的哈肯模型分析框架。

为了便于更好地分析产业演进中状态变量的相互影响，在实际应用中可以进一步离散化分解哈肯模型的基本方程，其结果如下所示。

$$q_1(k+1) = (1-\gamma_1)q_1(k) - \alpha q_1(k)q_2(k) \quad (4-8)$$

$$q_2(k+1) = (1-\gamma_2)q_2(k) + \beta q_1(k)q_1(k) \quad (4-9)$$

进行离散化处理之后，方程（4-8）和方程（4-9）就能够很好地体现状态变量如何影响产业演进，从而有利于本书研究现代信息服务业的演进。在使用哈肯模型揭示现代信息服务业演进过程时，首先要在现代信息服务业中找到适合的两个变量作为状态变量 q_1 和 q_2，然后初步设定其中一个序参量是 q_1，另一个变量是 q_2，接着代入方程进行求解和试算，最后基于绝热近似条件来确定哪个变量是序参量。

4.3.2 变量的选取

使用哈肯模型研究现代信息服务业的演进时，第一步要选取能够反映产业演进的状态变量。选择状态变量对哈肯产业演进模型的应用具有关键影响力。

现代信息服务业是以知识密集型和信息密集型为主的服务类产业，其形成和发展起源于不断深化的社会分工，而社会分工的不断深化则起始于技术进步和技术创新。因此在选择变量时，应当考虑选择可以代表现代信息服务业本质特点的变量作为哈肯产业演进模型中的状态变量。技术创新和技术进步体现了现代信息服务业知识密集型和信息密集型的特征，而技术创新和技术进步最直接的表现就是现代信息服务业产出效率。由于现代信息服务业各子产业之间存在差异性，因此本书选取现代信息服务业的投资额和劳动生产率指标作为哈肯模型的状态变量来研究现代信息服务业的演进。

首先界定选择的两个状态变量，假设投资额为 I_r，劳动生产率为 P_r，其中 $P_r = \frac{E}{N}$，代表单位劳动力的产出水平。E 表示劳动力的产出，本书用现代信息服务业就业人数的年底劳动报酬总额来表示；N 为现代信息服务业从业人数。

4.3.3 数据整理和求解过程

（1）数据整理。现代信息服务业本身就是一个新兴的产业，是从第三产业中细化出来的。在统计分类标准上，直到近几年才开始统计现代信息服务业的投资额。我国关于现代信息服务业前期的统计中各项数据是缺失的，但是因为哈肯模型对样本数据的时间长度没有很高的要求，一般可以选择基本连续的时间或者两个连续的时间段作为研究样本。因此，本书选择统计数据相对较新且整齐的 2009 年和 2010 年的 31 个省份现代信息服务业的相关统计数据，作为用于哈肯模型对现代信息服务业演进机制的分析。依据《2011 中国统计年鉴》得到 2009 年和 2010 年现代信息服务业的投资额和劳动生产率的数据如表 4-1 所示。

表 4-1　　　　31 个省区市 2009~2010 年现代信息服务业投资额和劳动生产率

省份	投资额（万元） 2009 年	2010 年	劳动生产率（万元/人） 2009 年	2010 年
北京	140.0088	143.3149	9.8777	10.0701
天津	51.3192	47.7465	5.8065	7.1037
河北	12.3735	41.2495	3.6533	3.8631
山西	88.1004	41.7344	3.0429	3.3311
内蒙古	47.8529	60.2395	3.2028	3.6981
辽宁	132.5596	146.5095	5.3682	5.4173
吉林	57.0403	49.6113	3.0585	3.3475
黑龙江	146.3011	64.4955	3.7365	4.0267
上海	125.7674	116.6319	10.3324	11.4851
江苏	147.7862	169.7892	4.7252	5.7360
浙江	160.1328	158.6879	6.9225	7.3714
安徽	91.4839	85.3846	3.0693	3.6148
福建	148.6126	141.4300	5.1660	5.7010
江西	50.542	66.4123	2.6188	3.2109
山东	71.1431	58.3668	4.4077	5.0406
河南	76.0636	58.9313	3.2252	3.5116
湖北	70.549	75.6092	3.1679	3.8134
湖南	104.8698	111.4665	3.4112	3.8651
广东	281.6047	254.6450	5.9992	6.6852
广西	94.3906	83.9514	3.9010	4.2221
海南	19.632	17.5960	5.7438	6.1589
重庆	53.3316	76.6594	4.8883	6.2746

续表

省份	投资额（万元）		劳动生产率（万元/人）	
	2009 年	2010 年	2009 年	2010 年
四川	143.3431	111.7913	3.8936	4.2979
贵州	60.6418	46.6936	3.5558	3.6947
云南	63.3716	51.8462	3.6150	3.6582
西藏	9.6097	11.1387	5.2396	5.1654
陕西	58.8348	79.4060	3.6788	4.3442
甘肃	19.5479	23.1372	2.2465	2.4906
青海	3.0284	2.4702	3.5210	4.0821
宁夏	13.0948	15.5142	3.8315	4.2496
新疆	46.0143	42.0315	3.7930	4.2806

（2）求解过程。使用哈肯模型研究现代信息服务业的演进，首先需要判断所选择的两个状态变量的情况，以确定这两个状态变量中哪一个是序参量。通过分析两个状态变量对现代信息服务业的作用可知，劳动生产率指标代表了技术创新和科技进步，从而能反映出现代信息服务业的本质特点。因此，可以判定劳动生产率可能是现代信息服务业的序参量，并对这个判断进行验证。验证方法是：根据前面推导的离散化的哈肯模型的方程，假设劳动生产率 P_r 为序参量（也就是 P_r 为 q_1，I_r 为 q_2），则可以得到方程（4-10）和方程（4-11）。

$$P_r(k+1) = (1-\gamma_1)P_r(k) - \alpha P_r(k)I_r(k) \tag{4-10}$$

$$I_r(k+1) = (1-\gamma_2)I_r(k) + \beta P_r(k)P_r(k) \tag{4-11}$$

由以上公式可以看出，方程（4-10）和方程（4-11）具有面板数据模型的特征，对两个方程分别进行参数估计，得到如下结果：

其中方程（4-10）为：

$$P_r(2010) = 0.9978 P_r(2009) + 0.0016 P_r(2009)I_r(2009) \tag{4-12}$$
$$\qquad\quad (27.812) \qquad\qquad (4.457)$$
$$\qquad R^2 = 0.8998 \quad F = 286.4389$$

因为 $1-\gamma_1 = 0.9978$，所以 $\gamma_1 = 0.0022$。

其中方程（4-11）为：

$$I_r(2010) = 0.4168 I_r(2009) + 0.7689 P_r(2009)P_r(2009) \tag{4-13}$$
$$\qquad\quad (35.845) \qquad\qquad (6.896)$$
$$\qquad R^2 = 0.9418 \quad F = 38.6735$$

因为 $1 - \gamma_2 = 0.4168$，所以 $\gamma_2 = 0.5832$。

其中方程（4-12）和方程（4-13）中括号中的数值是 t 检验值。系数 α 和 β 的 t 检验值略低，表明现代信息服务业前期劳动生产率和投资只能部分影响当期的指标。虽然产业演进中劳动生产率的变化应该慢于投资的变化，但是本书重点在于分析劳动生产率和投资这两个变量哪个变化快，所以就是 t 检验值稍低也表示这两个方程是有效的，两个方程的参数估计值能够解释方程。这两个方程的结果显示回归拟合度较好。

方程（4-12）和方程（4-13）的估计结果显示 $\gamma_1 \ll \gamma_2$，$\gamma_2 > 0$，说明现代信息服务业的投资是快变量，劳动生产率是衰减慢的序参量，符合哈肯模型的基本假设。

$\alpha = -0.0016$，$\beta = 0.7689$ 代入方程 $v = 0.5\gamma_1 q_1^2 + \dfrac{\alpha\beta}{4\gamma_2} q_1^4$，得到势函数：

$$v = 0.5\gamma_1 P_r^2 + \dfrac{\alpha\beta}{4\gamma_2} P_r^4 = 0.0011 P_r^2 - 0.00053 P_r^4 \qquad (4-14)$$

令 $\dfrac{dv}{dP_r} = 0.0022 P_r - 0.00212 P_r^3 = 0$

则得到 P_r 的定态解：

$$P_r^1 = 0$$

$$P_r^2 = +\sqrt{\dfrac{0.0022}{0.00212}} = 1.01869$$

$$P_r^3 = -\sqrt{\dfrac{0.0022}{0.00212}} = -1.01869$$

求方程（4-14）的二阶函数，得：

$$\dfrac{d^2 v}{d(P_r)^2} = 0.0022 - 0.00636 P_r^2 \qquad (4-15)$$

将 $P_r^1 = 0$ 代入方程（4-15）中得 $\dfrac{d^2 v}{d(P_r)^2} = 0.0022 > 0$，说明 $P_r^1 = 0$ 时 $v_{min} = 0$，$P_r^1 = 0$ 是稳定解。

将 $P_r^2 = \pm 1.01869$ 代入方程（4-15）中得 $\dfrac{d^2 v}{d(P_r)^2} = -0.0044 < 0$，说明 $P_r^2 = \pm 1.01869$ 时 $v_{max} = 0.00057$，也就是 $P_r^2 = \pm 1.01869$ 是不稳定的两个解。

根据上面的分析，可以画出势函数的形状如图 4-6 所示。

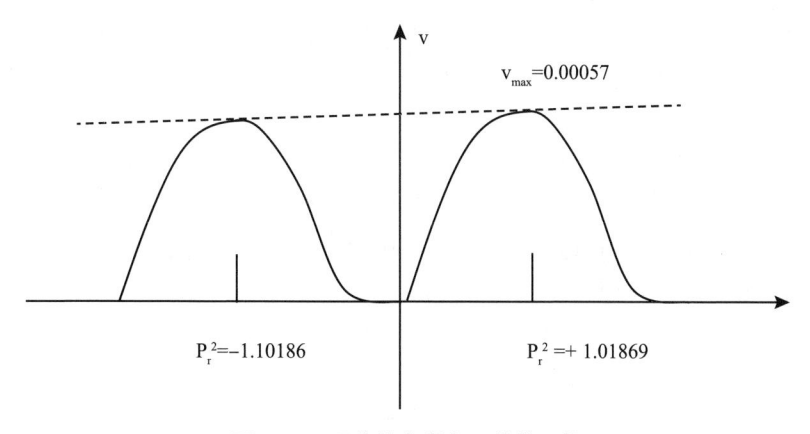

图 4-6 现代信息服务业的势函数

4.3.4 结果分析

通过哈肯模型建立现代信息服务业演进动力方程,可以分析现代信息服务业演进动力。其中,产业势是指产业本身具有的某种演进趋势的能力,决定了产业演进的能力和方向[120]。即本节应用哈肯模型建立的现代信息服务业的势函数揭示了现代信息服务业的演进能力和方向。

现代信息服务业势函数的状态变量和对该产业产生影响的控制参量相互作用决定了现代信息服务业的势函数。如果其状态变量和控制参量发生变化则现代信息服务业的势函数也会发生变化,从而推动现代信息服务业从平衡态发展为非平衡态。由4.3.1节和4.3.3节可知,在现代信息服务业演进动力方程中起到关键性作用的是序参量,也就是代表技术创新的劳动生产率。那么只要有科技创新,序参量就会发生变化,进而推动现代信息服务业势函数发生变化,并最终使现代信息服务业改变现有的平衡状态。因为有限的物质资源和人力资源使得序参量的提升受到限制,只能在有限的范围内提升劳动生产率,在现有资源约束环境条件下劳动生产率存在最大值。因此现代信息服务业在一定的技术水平下会保持一段时间的平衡状态。

(1) 现代信息服务业演进中序参量的作用。随着社会经济技术的发展,科技创新、产业制度会提升劳动生产率的最大值,就会使现代信息服务业从平衡的状态转变为非平衡的状态,推进现代信息服务业结构调整和优化。因此,是技术创新和产业制度推动了现代信息服务业结构优化和升级,进而使现代信息服务业不断演进,也会使现代信息服务业势函数中的各控制参数发生变化。那么现代信息服务业在新科学技术和升级后的产业结构下,容纳劳动生产率的能力也得到提升，进而使得基于哈肯模型建立的现代信息服务业演进动力的势函数也随之协同变化。接下来，现代信息服务业会由原来的非平衡态进一步发展为更优的新平衡态，体现出现代信息服务业自组织演进的本质特征，这种演进过程是依靠复杂的内外生动力不断推进的产业自组织发展过程。

依据4.3.1节、4.3.2节和4.3.3节可知，现代信息服务业演进过程中的关键因素是劳动生产率，即其演进动力方程中的序参量，表明了技术创新对现代信息服务业演进的作用很大，提供了现代信息服务业发展的方向。在现代信息服务业演进涨落的临界点上，代表技术创新的劳动生产率（序参量）的动力和强度控制了现代信息服务业的演进。当前我国第一产业、第二产业和第三产业均处于产业结构调整和优化的状态，即都处于产业演进中的临界点处，当然处于第三产业中的现代信息服务业也是如此。科技创新决定了现代信息服务业的演进，所以必须通过科研投入和教育投入等手段提升科技水平和劳动力水平，然后提速现代信息服务业产业结构升级和优化，最终实现其高效演进。

（2）现代信息服务业演进中控制参量的作用。本章中的4.3.2节和4.3.3节通过演进动力方程的实证分析，揭示出现代信息服务业产业结构调整和演进中除了序参量（本书中是技术创新）是关键因素之外，控制参量（本书中是γ_1、γ_2、α、β）也能揭示现代信息服务业演进过程中外围因素对其的作用程度。

根据方程（4-12）和方程（4-13）的估计结果，可以给出这四个控制参量的具体意义。

第一，控制参数$\alpha<0$，说明增加对现代信息服务业的投资可以带动劳动生产率的增长，投资和劳动生产率是正向关系。一方面表明增加现代信息服务业的投资额在某种程度上会激励该产业劳动者和企业家的工作积极性；另一方面表明增加投资额有利于改进现代信息服务业的基础设施（如信息传输设施），创新现代信息服务业的服务模式和运营模式，提升信息传输质量和信息服务质量，从而刺激市场服务需求并降低总体服务成本，大幅度提升劳动生产率。同时增加互联网设施、电信设施、卫星传输设施的投资，也可以带动相关第三产业的发展，促进其他服务类产业，同时提升劳动生产率。尽管现代信息服务业不是资本密集型的产业，但是现代信息服务业的大力发展也离不开投资的支持，投资对该产业的发展也有重要影响。

第二，控制参数$\beta>0$，说明投资额会随着劳动生产率的提升而增加，也会随着劳动生产率的降低而减少。投资额在现代信息服务业的系统形成和初期，基础设备的制造和建设也需要大批量的资金，投资对现代信息服务业整个演进过程都有重要作用。同时随着劳动生产率的提升，特别是科技进步会推动R&D经费不断增加，也促使基础设备更新换代，这个过程最终导致投资额的增加。

第三，控制参数 $\gamma_1 > 0$，表示劳动生产率在现代信息服务业中存在递减的负反馈效应。随着现代信息服务业的不断发展，劳动生产率在现有的环境条件和技术条件下会达到极值，递减的趋势接着会出现。这种现象与现代信息服务业演进过程中的环境资源和技术条件受限有关。

第四，控制参数 $\gamma_2 > 0$，表示投资额在现代信息服务业中存在递减的负反馈效应。在现代信息服务业形成和发展的最初阶段，基础设备的制造和建设投入后，日常现代信息服务业发展所需的投资额不高，投资额表现出降低的趋势。伴随现代信息服务业的不断发展壮大且技术水平的不断提升，信息服务业所需的资本反而会不断减少，其发展更加依赖于信息和知识等无形资本，所以投资额在现代信息服务业演进的整个过程中表现出不断减少的态势。综上所述，投资额随着技术水平的提升而不断下降，最终导致现代信息服务业投入产出效率的提升。

4.4 本章小结

本章依据自组织理论深度研究了现代信息服务业的演进机理。首先基于自组织理论的基本理论框架分析了现代信息服务业的演进趋势与过程，接着剖析了现代信息服务业的特性，表明该产业本身具有明显的自组织特性，演进方式与自组织演进的特征相符合。

随后，本章基于自组织理论研究了现代信息服务业演进的内生动力和外生动力。现代信息服务业演进过程在内生动力层面由协同和竞争促进其演进，本书着重从中观视角分析现代信息服务业内部子产业的演进动力，并未从微观角度分析从事现代信息服务业的各企业之间协同和竞争关系，以及这些企业对现代信息服务业演进的合力作用。事实上，无论从中观角度还是从微观角度来研究现代信息服务业演进的内生动力，协同和竞争这两个因素都是推动现代信息服务业演进的关键因素。在分析现代信息服务业中协作和竞争作用地位时，因为现代信息服务业子产业——信息传输服务业、信息技术服务业、信息内容服务业有很大的区别，所以这三个子产业间的协作机制在现代信息服务业演进中占据主导地位。现代信息服务业演进过程中在外生动力层面是由技术进步、市场需求、产业政策、基础设施、社会分工等来促进其演进的，这五种动力因素共同组成了现代信息服务业演进的外生动力。

现代信息服务业除了受到外生动力的影响外，还受到国内外贸易、经济环境等宏观因素的影响，外生动力具有定量化描述较难，同时具有随机的特征，因此，在定量化研究现代信息服务业演进动力时主要应用哈肯模型进行分析，通过应用哈肯模型建立现代信息服务业的演进动力方程，得出现代信息服务业的投资和劳动生产率是两个关键影响因素。在这两个投入要素中，劳动生产率是现代信息服务业演进动力方程中的序参量，而劳动生产率还包含了技术创新和发展水平，这就说明现代信息服务业演进的方向是由劳动生产率决定的，同时现代信息服务业演进也会受到投资和四个控制变量的作用和影响。本章最后具体给出了四个控制参量、投资、劳动生产率对现代信息服务业的影响大小和方向。

第 5 章

现代信息服务业演进的系统动力学分析

在研究了现代信息服务业演进动力的基础上，运用系统动力学模型构建现代信息服务业的仿真模型，仿真和预测现代信息服务业演进，为进一步研究现代信息服务业演进提供了更加全面和动态的坚实依据。本章利用因果关系图描述现代信息服务业影响因素之间的联系，使用流图描述现代信息服务业影响因素的整体框架，采用系统动力学方程对现代信息服务业影响因素之间的局部关系进行了定量描述，最后使用 Vensim 软件仿真分析定量的数据模型。

5.1 系统动力学

社会经济系统是复杂的动态系统，其行为具有反直观性、非线性特征、时滞效应、整体与局部的矛盾性等。因此，会造成同样的危机在不同时间和地点一再重复等问题。但是这些复杂的系统行为却来自简单的结构。所以如何描述复杂系统的行为机理，如何提炼和整理产生复杂行为的简单结构等，成为研究复杂系统的关键问题。20 世纪 50 年代，美国麻省理工学院的福雷斯特（Forrester J. W.）教授提出了系统动力学（SD），用系统仿真方法研究了企业中的库存管理和生产管理问题。系统动力学融汇了历史的方法、结构的方法，以及功能的方法。系统动力学在系统论的基础上，汲取了信息论和控制论的精华，因此具有自然科学与社会科学的特征。

系统动力学理论和方法形成于 20 世纪 50 年代末，到 20 世纪 60 年代末为系统动力学成长的重要时期，一批有代表性的理论和应用研究成果得以问世。1961 年福瑞斯特教授发表了著名的《工业动力学》（Industrial Dynamics），给出了系统动力学的原理和典型应用领域。

西方发达国家十分关注该成果，推动系统动力学在 20 世纪 80 年代初获得了巨大成就，不仅在理论方面有丰厚成果，而且在应用领域也更加广泛，进入了系统动力学更加成熟的时期。当前系统动力学处于繁荣发展时期，其理论、方法和模型仍在进一步优化和提升。我国在20世纪80年代引入系统动力学，并且已在工业企业管理、城市管理、可持续发展等方面进行了大量的研究，我国学者王其藩、胡玉奎、王振江等对系统动力学在我国的应用作了比较深入的研究[68]。

系统动力学在解决问题时，关注系统的行为和内在机制间紧密的依赖关系，同时是在构建数理模型并计算该模型的过程中得到的，并深入发现存在变化趋势的原因和结果，系统动力学将其称作结构。其实结构是指一系列紧密连接的行为或者战略准则组成的集合，结构可以确定组织行为的特点。由于系统内部非线性因素的作用和存在复杂的反馈因果关系，高阶次复杂时变系统往往表现出反直观、千姿万态的动力学特性，在一定条件下还可能产生混沌现象；系统的行为模式与特性主要取决于其内部的动态结构与反馈机制，系统在内部动力、外部动力、约束条件的影响下以某种状态发展和变化，这就是系统动力学著名的内生观点。

5.1.1 系统动力学模型的应用现状

1961年，福雷斯特教授出版了工业动力学学科的第一本专著《工业动力学》，分析了企业中的库存管理和生产管理问题，提出了系统仿真方法[137]。系统动力学的基础是运筹学，并随着社会经济管理要求的提高而不断发展起来的。系统动力学的前提是真实的现实世界，不要求达到最优解，是基于系统的视角发现改善经济系统或者社会系统的办法和策略。

罗伯茨（Roberts）在各种管理问题中借助系统动力学，给出了系统动力学的两个关键观点。其中一个观点是组织的行为来源于组织的结构，其中组织的结构可以是与生产阶段有关的具体结构，也可以是促进组织作决策的规律和战略。第二个观点是不应该重点研究组织中相互分离的各种功能，应该重点基于各种"流"对组织进行研究，这些"流"包括生产物质、信息、从业者、投资等[138]。

系统动力学使用计算机仿真方法研究社会经济系统中的动态行为，在各个领域中广泛应用，使用范围不断扩大，如今在微观和宏观经济、教育和技术、环境和能源、生物和医学、项目管理等领域中有很多有关系统动力学的应用研究，同时也形成了企业成长系统动力学模型、城市系统动力学模型、地区系统动力学模型、国家系统动力学模型等，它也被称为"政策与策略实验室"[139]。近几年来，国外很多学者使用系统动力学研究信息系统，想通过其提升信息系统的精确性和平稳性，比如在供应链管理中的应用[140]。

现在学者们最常使用的系统动力学模型包括世界系统动力学模型，其用于分析世界性的发展策略；国家系统动力学模型，其用于分析某个或者某些国家的国民经济、社会问题、环境问题等[141]；城市系统动力学模型，用于分析某个城市的发展战略与方针[142]；区域系统动力学模型，用于分析某个区域的发展战略和方法[142]；工业系统动力学模型，用于分析工业或者企业的发展战略和方法[143]；生长型系统动力学模型，用于分析疾病产生、变化和预防的策略[144]；系统工程学动力学模型，用于分析农业、生态环境保护的策略和方法[145]。

我国学者也一直在研究系统动力学，20世纪八九十年代，杨通谊[69]和王其藩[70]等学者将系统动力学引入我国。因为在研究复杂系统和非线性系统方面系统动力学独具优势，所以国内学者使用系统动力学研究了我国经济和社会等方方面面的事情，在某些领域做了开拓性的工作，提出了自己的独特见解。林文浩把遗传算法用于系统动力学模型的参数估计中，提出遗传算法自适应寻优的智能特征和并行搜索的高速性，可克服试凑法的盲目性，保证参数估计的效率和质量[71]。当前，我国学者已经建立了国家总体模型、省和地区级发展战略研究模型、省级能源模型、环境预测模型、行业发展战略模型，也形成了专门的研究机构和教学机构。

虽然学者们在经济学的研究中已大量使用了系统动力学的理论和方法，但是在产业演进的研究中使用系统动力学进行研究的学者却不是很多，使用该方法进行研究的有胡实秋、邓永翔、杨头平、吴传荣和胡武婕等。胡实秋等从系统动力学的角度分析了高技术产业发展的动力机制，认为高科技系统自身、市场需求、国际竞争是高技术产业发展的动力源，而人才、资金、管理、政府行为、基础设置等则是它的支撑条件，它们的相互作用构成了一个正负反馈交错的复杂的动态系统[72]。邓永翔利用系统动力学流率基本入树建模法构建起包括国内生产总值、销售量、从业人员、新产品产值和资产总量5棵入树在内的江西电子信息产业系统结构流率基本入树模型，对江西电子信息产业2001～2015年的发展情况进行了递归方案下的仿真分析；利用基于系统成长上限模型上限逐步生成与消除法得到的江西电子信息产业发展模式及相应的管理对策、方针，提出了综合调控理想方案并进行了仿真分析[73]。杨头平依据系统动力学原理，在确定系统边界并详细分析物流成本系统中各种物流成本影响因素的基础上，给出了物流系统中成本的系统动力学因果关系图，进而构建了包含成本因素的物流成本控制的系统动力学模型，并对所建模型进行模拟分析，有针对性地进行物流成本控制策略的试验分析与比较[74]。吴传荣用系统动力学方法分析高技术企业技术创新网络中各主体间的因果关系，构建高技术企业技术创新网络知识转移的系统动力学模型，模拟知识转移对高技术企业技术创新网络经济的贡献[75]。胡武婕对ICT标准竞争动态过程进行了系统动力学建模和仿真，对中外标准竞争过程进行了对比分析，并根据各章研究结论提炼出我国政府和企业参与标准竞争的适当策略建议[76]。

5.1.2 系统动力学建模原理和过程

(1) 系统动力学建模原理。系统动力学认为，任何系统的特性和行为模式关键由系统内部的结构决定。反馈是指S对T产生影响，反之T通过一系列的作用也会影响S。在分析S和T或者T和S的关系时不能与它们所处的整个系统分离，只有在整个系统中分析反馈才会有正确的结果。系统动力学模型因状态变量的种类不同可划分为动态模型和静态模型两种。系统动力学动态模型提出用时间序列的状态变量图表示系统的动态变化。第一步是判断系统中的关键变量，分析与系统有紧密关系的因素有哪些；第二步选定要研究的系统的时间范围，即时间维度，因为时间范围的不同可能导致最终选择的系统变量也会不同。

在用图形表示了上面这些关键系统变量之后，同时也要描述与这些关键变量有关的其他重要变量，进一步勾勒出系统发展和变化的方向和模式。通常情况下，随着时间序列动态变化的状态变量图就是行为的参考模式。因为系统动力学建模是个不断循环的过程，所以在系统动力学建模过程中要一直贯穿参考模式。参考模式也是判断系统动力学模型是否有效的标准之一，是系统动力学建模仿真的关键点之一。

用系统动力学建模研究时，选定了需要研究的问题、行为的参考模式和关键变量后，需要分析待研究问题和构成变量间的具体关系，同时还要确定这些关键变量和相关变量间的关系[75]。在分析系统的反馈时，第一步需要研究整个系统和子系统间的关系，同时形成系统变量之间的逻辑关系和影响关系链条，最终构成整体回路图形。在系统动力学中，回路一般用图形来表示，常用的图形表示方法有：系统的结构框图、因果与相互关系图、流图、速率—状态变量关系图等，这些图形的应用条件和时机不同，框图主要用于系统与系统结构分析的初步阶段，用于明确系统的研究目的，定义所需的变量并界定出系统与外界环境之间的界限，从而可以便于对各主要子块间的反馈耦合关系的分析以及对系统内可能的主要回路的判定。系统动力学因果关系图是构建系统动力学模型的最初步骤，它能直接描述出系统结构，但因果关系图仅表示了系统结构的基础，未能描述不同质变量的区别，因果与相互关系图在系统动力学的建模与仿真中并不是必需的。流图能够较好地反映出状态变量与速率之间的关系，便于清晰地描述影响反馈系统的动态性能的积累效应。而混合图则是目前较为普遍地描述系统结构的一种方法，它集合了前面几种图形的特点。在因果关系图中，把状态和速率变量按照流图中的符号表示出来，既能把重要的状态变量和速率变量清晰地表示出来，又能实现因果与相互关系回路图的简洁性的优点,更可靠地分析出反馈结构所包含的动态特性,对于计算机模拟的实现比较有利。

(2)系统动力学建模过程。由上述的定义可知,系统动力学是一种计算机仿真即模拟技术,其特点就是模仿、仿效真实的客观事物和过程。系统动力学仿真模拟的基础是对客观事物与系统的模仿和表达,这种模仿和表达通常都是用模型的形式来显现出来的,通过建模活动,使模型的结构仿效客观事物的主要构成部分,经适当的处理后使其显示出该事物或过程的基本行为。根据客观事物的特性,可以构建的模型也有所不同,各种模型对客观事物给予一定精确度的描述。

系统动力学通过数学模型模拟现实经济问题,并建立"形式化"的模型方程式,对客观事物进行模拟,由于运算的准确性和快捷性的考量,如今都是使用计算机方法来模拟运算系统动力学模型,系统动力学使用专门的软件(如Vensim等)建立数学模型,并进行计算和分析来研究时间序列方面的问题[142]。

简单来说,系统动力学的基本建模可简化为图5-1[82]。

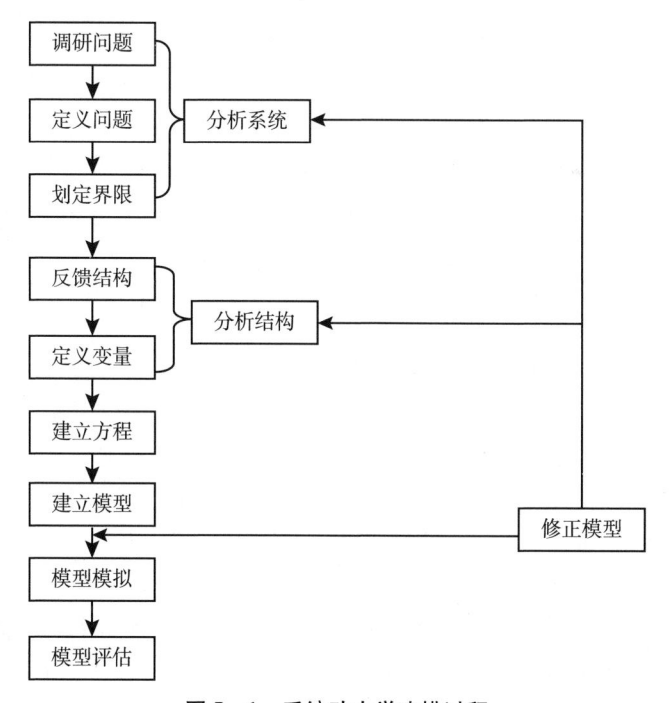

图5-1 系统动力学建模过程

由图5-1可以看出,在进行完仿真后,还需要对模型进行分析和利用,判断仿真结果与真实系统之间吻合的程度，从而决定是否要对模型进行调整，从而确定系统的输出与周围环境的投入间的联系，也就是正反馈和负反馈，即各种资源的输出与输入。正负反馈系统本身会受到自身的前期行为的影响，因为前期行为也对系统有输入作用，这样就会对系统将来的行为产生影响[83]，可以由因果与相互作用链来描述，而一组因果关系链和与作用链构成的封闭回路，或者各种资源同作用共同组成的封闭路径就称为反馈回路，而相互联结与作用的一组回路即构成了反馈系统。

对于由多种反馈回路所组成的复杂的反馈系统，对其整体特性随时间变化而变化，以及对其内部结构的关系的分析是十分困难的，系统动力学的理论和建模原理与方法就是解决这类问题的较为有效的方式。

本节运用系统动力学方法对现代信息服务业的产业演化进行仿真，如前所述，现代信息服务业的外生动力因素包括了技术进步、政策支持和环境与需求等因素，由于这些因素对现代信息服务业演化的作用方向并不是确定的，而且在模型分析中很难将这些因素指标化和数值化，对于外部影响因素中能够量化的经济环境指标和其他产业的影响，在前面的章节中已经作了相应的介绍和分析，因此，在这里对现代信息服务业演化的仿真主要侧重于现代信息服务业内部影响因素对现代信息服务业的产业演化的带动作用，构建现代信息服务业内部结构仿真模型。

5.2 系统动力学模型模拟现代信息服务业演进的适用性分析

5.2.1 系统动力学模型的特点

系统动力学模型具有以下四个特点。

（1）系统动力学在模拟和分析时间段较长的数据时具有很强的优势。系统动力学能够进行动态复杂的定量研究，以及仿真调控研究。比如环境问题、产业演进问题和国民经济问题等。

（2）系统动力学可以研究多阶的、有多重影响的非线性问题，同时也可以研究没有精度的国民经济问题。能够在不同层面上半定量或者定量地分析复杂系统，研究的多数问题属于非闭合的系统。

（3）系统动力学将人类的思想运用到计算机中，借助合理的模型深刻揭示各种繁杂问题，从定性到半定量再到定量进行具体分析，创新了研究社会问题的模式。

（4）系统动力学突出了系统关系——结构的特征，基于系统的主要关系构建仿真模型，然后分析与仿真系统在一段时间范围的状况。

5.2.2 系统动力学模拟现代信息服务业演进的优点

现代信息服务业演进大体上是非稳定且不平衡的过程，包含了复杂经济系统的所有特质，因此在研究该问题时不能使用研究稳定系统的方法，而系统动力学适宜解决非稳定系统的问题。系统动力学能够基于现代信息服务业的内部结构、参数、总体功能，并注重现代信息服务业长期动态变化和因果影响，分析和准确把握现代信息服务业的特征和行径。

因此使用系统动力学模型研究现代信息服务业演进有如下优点。

（1）系统动力学是一种结构仿真模型，能够给出现代信息服务业演进中的行为和发展趋势，非常适合研究现代信息服务业这类产业发展方面的中长期问题。

（2）现代信息服务业演进是一个错综复杂的问题，演进过程中的各因素间有因果关系与正负反馈关系，而系统动力学因果关系图就能够直接给出现代信息服务业演进的因果关系和正负反馈关系。

（3）因为在定量分析现代信息服务业演进时，各因素的指标数据可获取性不强且有些指标不能定量表示，系统动力学通过因果关系图、系统动力学流图、系统动力学方程能够解决这些问题，这是传统分析方法不能实现的。

（4）系统动力学 Vensim 软件能够仿真现代信息服务业演进，构建各因素的水平方程、速率方程、辅助方程、常量方程、初值方程等，分析各因素对现代信息服务业演进的影响程度，这样为研究该问题给出了高可信度的根据。

5.3 现代信息服务业演进仿真模型的构建

现代信息服务业系统是一个复杂的系统，存在着诸多的影响因素和多个组成子系统，各个子系统之间存在着千丝万缕的复杂的关系。根据系统动力学的建模思想，将现代信息服务业的各种影响因素和组成部门之间的关系用正反馈回路和负反馈回路来描述。在对现代信息服务业系统演化进行了机制分析的基础上，从现代信息服务业的影响因素入手，建立现代信息服务业系统结构的演化仿真模型。

5.3.1 现代信息服务业演进因果关系

系统动力学的内生观点认为，系统的行为模式和特性关键由其内部结构和反馈机制决定，只要控制了系统的结构和变化状态就有可能预测系统将来的发展趋势。因此在运用系统动力学时，必须首先分析系统结构，掌握系统内要素间的因果关系。

根据《北京市统计年鉴》，现代信息服务业可以细分为三个分支产业，每个分支产业表示现代信息服务业所包含的子产业部门。在第 3 章影响现代信息服务业发展的因素和第 4 章现代信息服务业演进动力的基础上，依据现代信息服务业和其三个分支产业的特点，可以选取现代信息服务业演进中的重要变量，这些变量包括现代信息服务业的增加值、三个分支产业的增加值、现代信息服务业从业人数、三个分支产业的从业人数（也就是劳动力的投入量）、现代信息服务业的固定资产投资额、人均 GDP、电信主要业务量、R&D 经费。其中，现代信息服务业增加值表示了现代信息服务业的产出能力，而信息服务业从业人数和信息服务业的固定资产投资则表示了现代信息服务业系统的关键投入量。综上所述，根据文献回顾、现代信息服务业发展的产业特征、内部影响因素和外部影响因素的具体分析，从业人数、信息服务业固定资产投资、R&D 经费可以表示现代信息服务业的主要投入要素，同时人均 GDP 和电信主要业务量也是影响因素。现代信息服务业是一个动态复杂的产业系统，在其演进过程中，是与这些因素相互促进、相互推动的。

假定现代信息服务业增加值为 AVIS，然后假定影响现代信息服务业的其他变量。

人均 GDP 为 PGDP；
电信主要业务量为 TMV；
现代信息服务业从业人数为 EISI；
现代信息服务业固定资产投资额为 FI；
R&D 经费为：R&D。

进一步构建现代信息服务业演进的因果关系图。人均 GDP、电信主要业务量、信息服务业从业人数、信息服务业固定资产投资为影响现代信息服务业发展的最关键因素，定性描述其反馈机理和各影响因素的状态，确定现代信息服务业演进的因果关系是本书建立现代信息服务业演进的系统动力学模型的重要步骤，它是经过反复测试以后得到的。现代信息服务业演进的因果关系如图 5-2 所示。

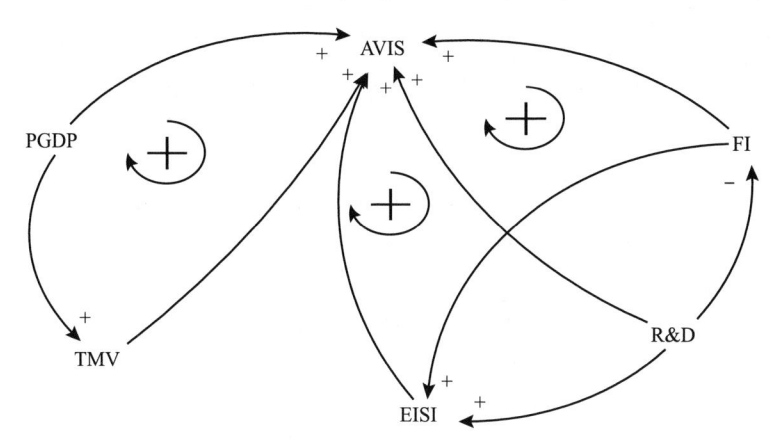

图 5-2 现代信息服务业演进的因果关系

5.3.2 模型的构建

使用系统动力学方程可以将现代信息服务业影响因素的具体指标定量化。系统动力学方程有水平方程（level equation）、速率方程（rate equation）、辅助方程（auxiliary equation）。水平方程描述了状态变量（level variable，存量）的变化规律；速率方程描述了速率变量（rate variable，流量）的变化规律；辅助方程描述了辅助变量（auxiliary variable）的变化规律。

（1）原因树和结果树。通过使用系统动力学仿真软件，获得了现代信息服务业的原因树和结果树。其中原因树可以揭示影响不同变量的各种因素，通过逐步逆向回溯揭示了现代信息服务业增加值（AVIS）不同层的所有变量的影响结构，如图 5-3 所示。AVIS 的具体数值是由各层变量的作用来确定的。

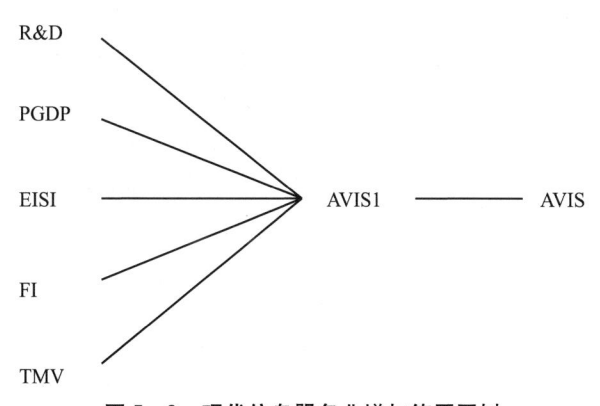

图 5-3 现代信息服务业增加值原因树

和原因树不同,结果树可以揭示影响某个变量的其他变量,给出了变量正向追溯的影响过程。通过正向追溯揭示了某个变量对现代信息服务业在不同层的影响作用,如图5-4所示,因此可以在某种程度上反映了其影响力边界。

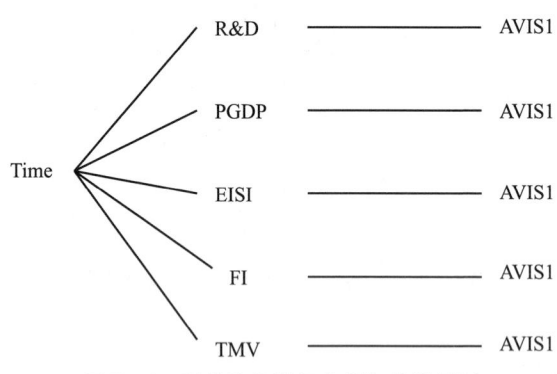

```
                    R&D ———————— AVIS1

                    PGDP ——————— AVIS1

       Time         EISI ———————— AVIS1

                    FI —————————— AVIS1

                    TMV ————————— AVIS1
```

图5-4 现代信息服务业增加值结果树

(2) 现代信息服务业演进的系统动力流图。在构建现代信息服务业演进的系统动力学流图时,假定其内部影响因素和外部影响因素是非关联的,即相互独立的。也就是内部影响因素同外部环境因素是相互独立地对现代信息服务业产生作用,同时这些内部影响因素和外部影响因素是不相关的。这样可以更好地研究现代信息服务业中内部影响因素和外部环境不同的动力机制作用。

同时依据数据的可获取性原则以及简化模型的原则,在图5-2现代信息服务业因果关系图的基础上构建了现代信息服务业演进的系统动力学流图,如图5-5所示。因为现代信息服务业演进的系统动力学流图中的变量会随时间发生变化,所以在模型中必须应用Time表示各影响因素之间的变化和相互关系。在现代信息服务业演进的系统动力学流图中把<Time>设置为隐藏变量,然后在此基础上建立了现代信息服务业演进的系统流图。依据现代信息服务业演进的系统动力学流图,同时借助状态变量、速率变量、常量、辅助变量的具体经济意义,可以将现代信息服务业演进的具体过程中各影响因素之间的关系,以及其和外部环境间的关系用数学公式表示出来,为进一步预测现代信息服务业演进、制定相关产业政策、比较调控方案提供了更加坚实精确的依据。

第5章 现代信息服务业演进的系统动力学分析

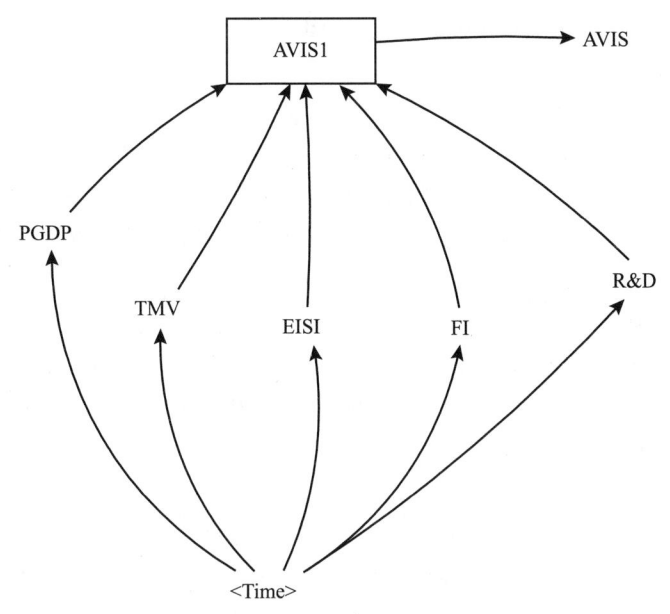

图 5-5 现代信息服务业演进系统动力学流图

（3）系统方程。

①AVIS = exp(20.471) × exp(AVIS1)

　　Units：亿元

②AVIS1 = 2.325 × LN("PGDP") - 2.091 × LN("TMV") + 0.259 × LN("EIES") - 0.643 × LN("FI") + 1.306 × LN("R&D")

　　Units：亿元

③FINAL TIME = 2010

　　Units：Year

　　The final time for the simulation.

④INITIAL TIME = 2004

　　Units：Year

　　The initial time for the simulation.

⑤"R&D" = WITH LOOKUP(Time, ([(2004, 1966.3) - (2010, 7062.58)], (2004, 1966.3), (2005, 2449.97), (2006, 3003.1), (2007, 3710.24), (2008, 4616.02), (2009, 5802.1), (2010, 7062.58)))

　　Units：亿元

⑥SAVEPER = TIME STEP

　　Units：Year [0, 1]

75

The frequency with which output is stored.

⑦TIME STEP = 1

Units：Year［0,？］

The time step for the simulation.

⑧PGDP = WITH LOOKUP(Time,（[（2004,1.23）-（2010,3）],（2004,1.23）,（2005,1.42）,（2006,1.65）,（2007,2.02）,（2008,2.37）,（2009,2.52）,（2010,3）))

Units：万元

⑨EISI = WITH LOOKUP(Time,（[（2004,123.7）-（2010,185.8）],（2004,123.7）,（2005,130.1）,（2006,138.2）,（2007,150.2）,（2008,159.5）,（2009,173.8）,（2010,185.8）))

Units：万人

⑩FI = WITH LOOKUP(Time,（[（2004,1657.67）-（2010,2454.5）],（2004,1657.67）,（2005,1581.76）,（2006,1875.9）,（2007,1848.1）,（2008,2162.63）,（2009,2588.9）,（2010,2454.5）))

Units：亿元

⑪TMV = WITH LOOKUP(Time,（[（2004,9148）-（2010,29993.2）],（2004,9148）,（2005,11403）,（2006,14595.4）,（2007,18591.3）,（2008,22247.7）,（2009,25553.6）,（2010,29993.2）))

Units：亿元

5.4 现代信息服务业演进仿真结果及调控方案

5.4.1 现代信息服务业仿真结果及分析

在前面对现代信息服务业的内部影响因素和外部影响因素构建了仿真模型的基础上，现在加入实际数据对现代信息服务业的内部影响因素和外部影响因素对现代信息服务业演进的作用机制进行仿真效果检验。

根据建立模型所应用的指标，本书选择2004～2010年的现代信息服务业的相关数据指标来进行实证分析。对仿真模型运行中所赋的初始值进行适当调整，来比较其初始值变化对仿真结果的影响。经过对初始值调整后所得到的仿真结果的对比分析，可以发现：变量初始值的变化并不会影响模型的仿真结果，说明仿真模型的运行是稳定的。图 5-6 显示了现代信息服务业增加值的实际数据与仿真数据结果较为接近，说明该模型有很好的仿真结果。

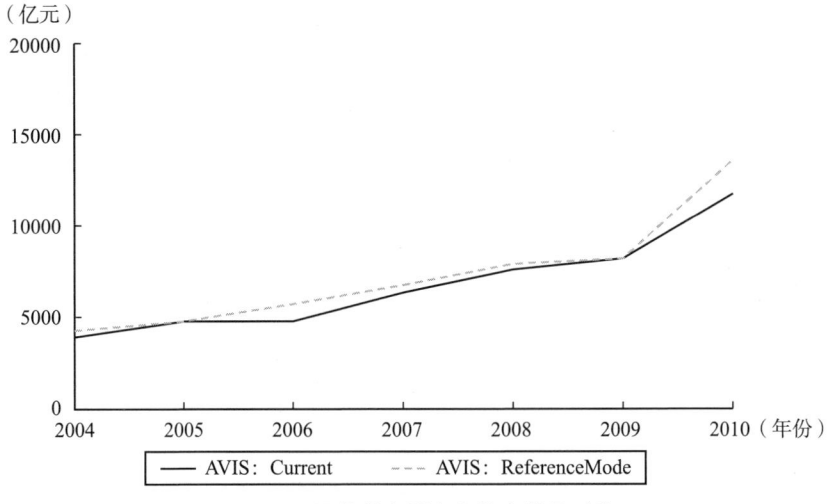

图 5-6 现代信息服务业仿真效果对比

基于图 5-6 的现代信息服务业系统动力学仿真效果对比可以得出，仿真模型模拟现代信息服务业整体演进具有较好的效果，进一步说明现代信息服务业演进的基本规律与仿真模型十分接近，具有现实使用价值。

5.4.2 不同调控方案仿真结果及分析

（1）仿真方案1——人均 GDP 对现代信息服务业演进的影响分析。仿真方案1以人均 GDP 在原有基础上提高 10% 的条件下、其他影响因素保持不变的情况下，模拟现代信息服务业的增加值。图 5-7 展示了仿真方案1中现代信息服务业增加值和原始仿真结果的对比情况。其中 Current1 就是现代信息服务业在仿真方案1中的结果，可以看出，其值高于原始仿真值和真实值。

（2）仿真方案2——电信主要业务量对现代信息服务业演进的影响分析。仿真方案2以电信主要业务量在原有基础上增加 10% 的条件下、其他影响因素保持不变的情况下，模拟现代信息服务业的增加值。图 5-8 展示了仿真方案2中现代信息服务业增加值和原始仿真结果的对比情况。其中 Current2 就是现代信息服务业在仿真方案2中的结果，可以看出，其值低于原始仿真值和真实值。

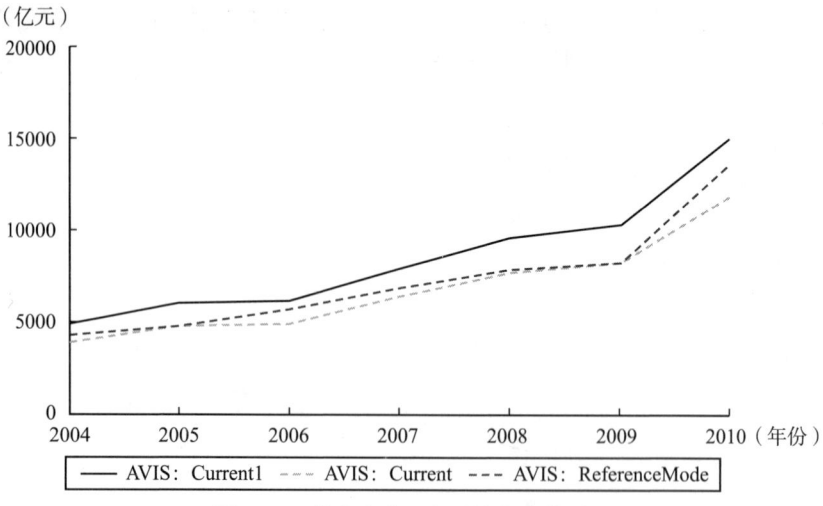

图 5-7 仿真方案 1 和原始仿真的对比

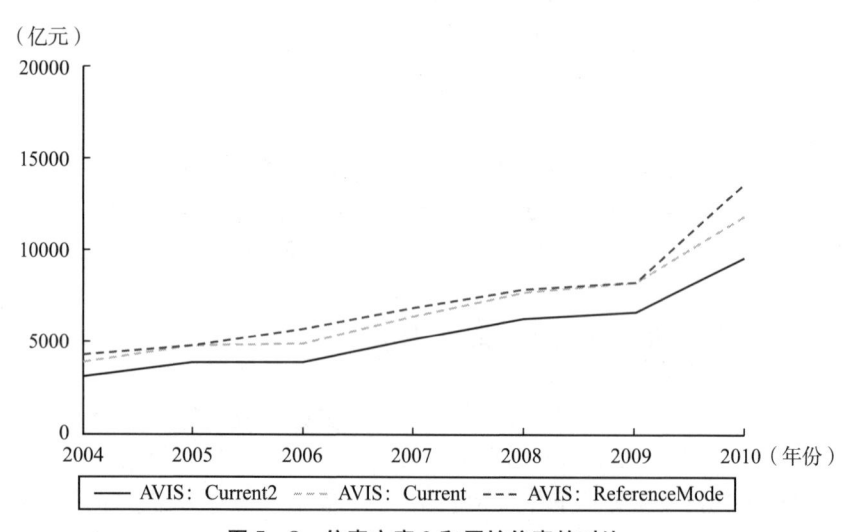

图 5-8 仿真方案 2 和原始仿真的对比

（3）仿真方案 3——信息服务业从业人数对现代信息服务业演进的影响分析。仿真方案 3 以信息服务业从业人数在原有基础上增加 10% 的条件下、其他影响因素保持不变的情况下，模拟现代信息服务业的增加值。图 5-9 展示了仿真方案 3 中现代信息服务业增加值和原始仿真结果的对比情况。其中 Current3 就是现代信息服务业在仿真方案 3 中的结果，可以看出，其值略高于原始仿真值，但是低于真实值。

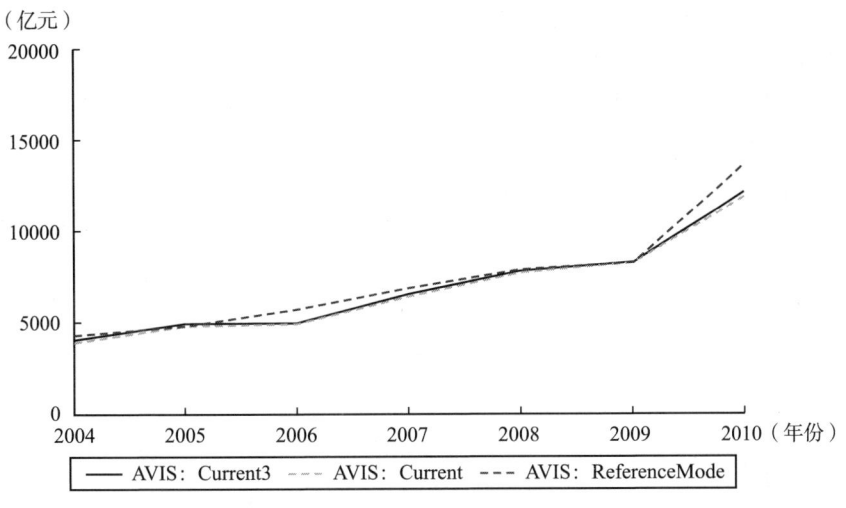

图 5-9 仿真方案 3 和原始仿真的对比

（4）仿真方案 4——信息服务业固定资产投资额对现代信息服务业演进的影响分析。仿真方案 4 以信息服务业固定资产投资额在原有基础上增加 10% 的条件下、其他影响因素保持不变的情况下，模拟现代信息服务业的增加值。图 5-10 展示了仿真方案 4 中现代信息服务业增加值和原始仿真结果的对比情况。其中 Current4 就是现代信息服务业在仿真方案 4 中的结果，可以看出，其值略低于原始仿真值，但是低于真实值。

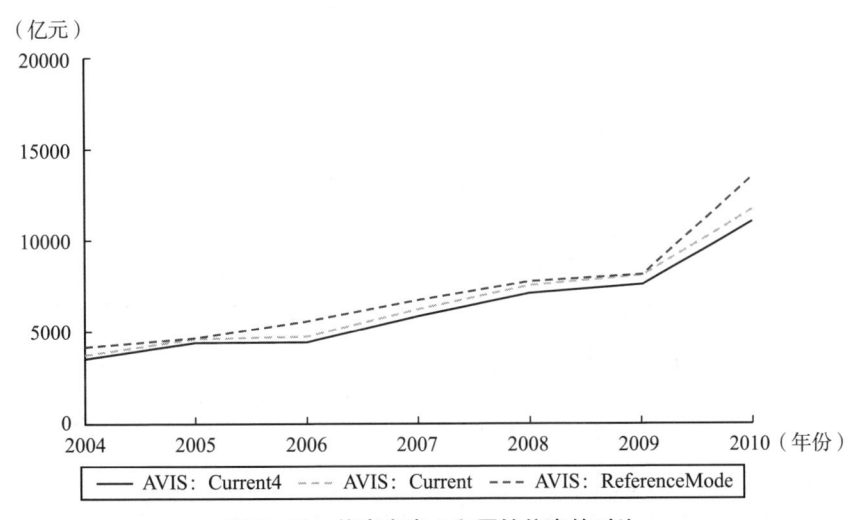

图 5-10 仿真方案 4 和原始仿真的对比

(5) 仿真方案 5——R&D 经费对现代信息服务业演进的影响分析。仿真方案 5 以 R&D 经费在原有基础上增加 10% 的条件下、其他影响因素保持不变的情况下,模拟现代信息服务业的增加值。图 5-11 展示了仿真方案 5 中现代信息服务业增加值和原始仿真结果的对比情况。其中 Current5 就是现代信息服务业在仿真方案 5 中的结果,可以看出,其值高于原始仿真值和真实值。

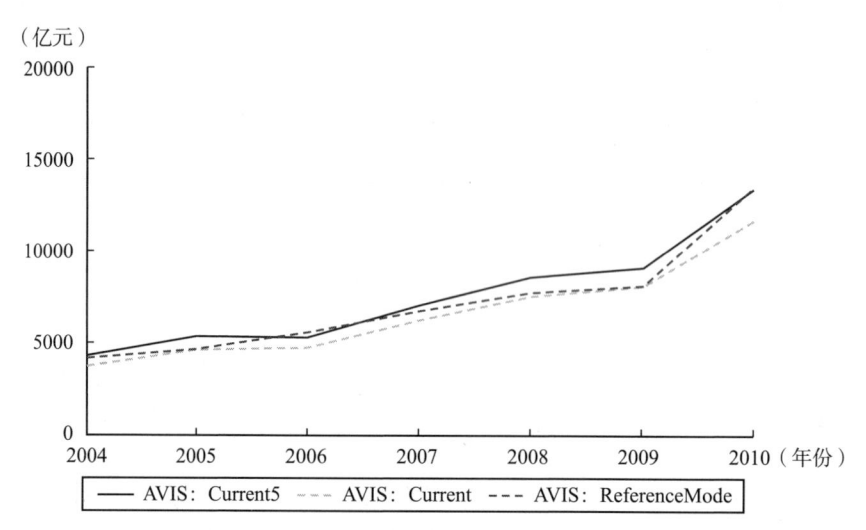

图 5-11 仿真方案 5 和原始仿真的对比

5.5 本章小结

本章依据系统动力学的理论和建模过程,阐明了系统动力学模型在各领域的应用现状,给出了使用系统动力学研究问题的框架,及其在揭示现代信息服务业演进方面的有效性和适用性。

在正确识别现代信息服务业演进影响因素的前提下,使用系统动力学模型模拟了现代信息服务业演进,分析决定了现代信息服务业演进的因果关系图,具体揭示人均 GDP、电信主要业务量、信息服务业从业人数、信息服务业固定资产投资额、R&D 经费五个影响因素在现代信息服务业中的影响机理。

然后构建了现代信息服务业演进的系统动力学流图、系统动力学方程,并且给出了现代信息服务业演进的影响因素参数值。通过运行现代信息服务业仿真模型,并分析其模拟结果,可以发现,本书建立的现代信息服务业演进仿真模型能够较为真实地模拟出现代信息服务业的实际发展趋势,具有较好的仿真效果,能够较好地用于模拟现代信息服务业的演进，其仿真结果与原始统计数据吻合度高，说明该模型具有可靠性。

最后，本章给出了针对现代信息服务业影响因素的五种具体调控方案，并分析了五种调控方案的仿真结果。

第 6 章

现代信息服务业演进周期

本章在现代信息服务业演进的系统动力学分析的基础上,进一步研究了现代信息服务业的演进周期模型、演进过程和演进的混沌,并实证分析了相关服务业子产业的演进周期和阶段。由于现代信息服务业具有自组织的产业特性,因此在研究其演进周期、演进阶段和演进的混沌时,也是基于自组织的。

6.1 现代信息服务业演进周期模型

通过总结整个经济系统中的各种产业形成、发展和壮大的经验,可以发现,产业自身的成长能力和环境资源限制了产业的不断发展,而这些限制使得产业演进过程也是有限的。产业的状态指标值,比如,单位资本产出率、生产的产品数量、劳动生产率等都是有限度的提高或者增加。在产业的整个演进过程中还呈现出一些现象,即产业成长的开始阶段和产业消亡的最后阶段其产业成长速度比较低,而在产业不断成长的中间阶段其成长速度较高,产业的整个演进过程可以使用 S 形曲线表示[78],产业成长如图 6-1 所示。

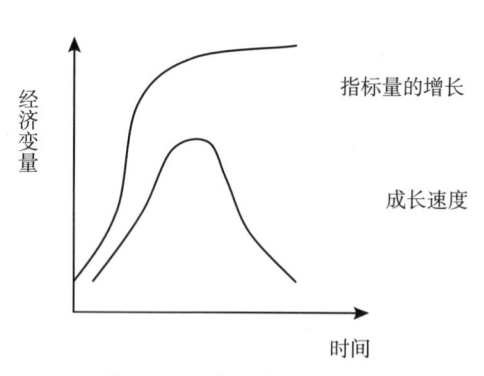

图 6-1 产业成长的规律

本章使用逻辑斯谛方程（Logistic 方程）研究现代信息服务业的演进模型。19 世纪美国人口统计学家和生物学家雷蒙·比尔最先给出了用 S 型曲线表示的逻辑斯谛方程[83]。该方程的标准形式是：

$$X_{t+1} = \alpha X_t(1 - X_t) \quad (6-1)$$

比尔曾经大量研究人口增长和有机体，发现人口增长和有机体的情况可以准确地用比尔曲线来描述（该曲线是由他名字命名的）。从 19 世纪 80 年代起，逻辑斯谛方程被广泛用于研究经济学、医学、生物学和社会科学。

6.1.1　产业演进的逻辑斯谛方程模型

通过大量研究可知，通过逻辑斯谛方程可以刻画现实经济系统中的许多经济变量的关系。一般在研究产业动态演进时需要变换逻辑斯谛方程的形式。假定 $X = X(t)$ 是 t 时间点上经济系统中某产业的产量，表示产业演进过程的状态变量。同时假定经济系统中产业演进中的产量同产业成长速度成正比。并且随着时间 t 的变化在产业演进过程中状态变量 X 逐渐接近于产业增长的极限值，在产业演进过程中其成长速度会由开始的成长缓慢发展为快速成长，达到增长极限后成长速度又会降低，并且最后不断趋于平缓[84]，于是整个产业的演进轨迹可以使用下面的数学模型来描述：

$$\frac{dX}{dt} = \beta X(M - X) \quad (6-2)$$

公式（6-2）中的 β 是产业成长速度弹性系数，产业本身的特性决定了 β 的数值大小，产业的成长速度、投资盈利程度和各种要素投入构成等也同 β 有关。公式（6-2）中的 M 为产业发展的产量极限值，因为消费情况同产业的发展紧密关联，所以也可以认为产业的消费需求的极限值就是 M，产业的发展最终不可能逾越 M 所表示的消费需求极限值，M 的大小由该产业的产品的价格和需求收入弹性等因素决定。公式（6-2）可以表示某产业在任何时间点上的产量的增长速度，所以该方程也是产业成长速度模型。

从公式（6-2）可以看出，产业的产量增长符合逻辑斯谛曲线的规律。那么可以将公式（6-2）中的 X 称为增速因子，随时间的发展，增速因子 X 会增加；(M - X) 为减速因子，随时间 t 的变化减速因子 (M - X) 会减少。因为该公式是非线性的方程，那么产业的演进过程也表现为非线性的，是一种存在正负反馈机制的产业自组织演进过程。在公式（6-2）中，如果 β≤0 或 M≤0，则说明该产业的产量在不断减少或者该产业的产量为负，这表明该产业已不存在于经济系统中，现实经济系统中的产业发展与这种假设不符，所以该假设不能成立。因此，依据实际经济意义，公式（6-2）中的参数β和M应该符合的条件是：β>0，M>0。如果β>0，那么$\frac{dX}{dt}>0$，也就说明产业的成长速度弹性系数为正，此时产业的产量会继续不断增长，产业规模不断变大。

求解公式（6-2）可得：

$$X = \frac{M}{1 + c\exp(-\beta Mt)} \qquad (6-3)$$

公式（6-3）中$c = e^{-\tilde{c}}$，其中$\tilde{c}$是积分常数，并且产业演进的初始条件决定了该积分常数。公式（6-3）也说明产业状态演进方程是产业产量的决定因素，同逻辑斯谛方程一样，如果用图形表示其形状，也是S形的曲线。这条曲线展示了产业演进过程中产量如何动态变化的轨迹。

假定产业的初始状态是X(0) = N，且0 < N < M，那么：

$$X = \frac{M}{1 + \left(\frac{M}{N} - 1\right)e^{-\beta Mt}} \qquad (6-4)$$

6.1.2 现代信息服务业演进周期参数估计和数据分析

在使用逻辑斯谛方程表示现代信息服务业动态演进时，第一步是采用非线性最小二乘法（NLS）估计参数，估计出参数N和M的数值；第二步是计算出现代信息服务业的演进阶段。

（1）参数的估计方法。本书应用非线性最小二乘法进行逻辑斯谛方程的参数估计，其准则是残差的平方和最小。

假定非线性经济系统的模型为：

$$Y = F(X, \varepsilon) \qquad (6-5)$$

模型（6-5）中F是Y关于自变量X和参数ε的函数，而Y是产业系统的产出；X是产业系统的投入量，ε是参数。Y、X和ε既可以是数值也可以是向量。如果函数F关于参数ε的导数不依赖于ε，那么模型（6-5）是线性的，此时采用线性最小二乘法。反之，F关于参数ε的导数是ε的函数，则模型（6-5）是非线性的，此时采用非线性最小二乘法（NLS）。在估计参数时模型（6-5）的形式是确定的，通过K次实验获取样本（X1，Y1），（X2，Y2），…，（XK，YK），目标函数为模型（6-5）的残差平方和：

$$S(\varepsilon) = \sum_{j=1}^{k} [Y_j - F(X_j, \varepsilon)]^2 \qquad (6-6)$$

非线性最小二乘法就是求使$S(\varepsilon)$达到极小的参数估计值。一般使用高斯—

牛顿迭代法进行非线性最小二乘法估计模型参数。即对于函数模型 F 表达式展开泰勒级数之后,再利用迭代估计方法进行估计。具体方法是:第一步,选择参数 ε 的一初始近似值 ε_0,对 $F(X, \varepsilon)$ 在 ε_0 处进行泰勒级数展开,得到一组新的参数估计值,在新的参数估计值附近使非线性模型线性化;第二步,对新的线性化的模型采用线性最小二乘法,得到一组新的参数估计值;第三步,在新的估计值附近使非线性函数线性化,然后采用线性最小二乘法估计新的模型,不断重复上述过程直到参数估计值收敛[83]。每次迭代都是一次线性回归过程,因此每次都可以进行拟合度检验等检验。

依据逻辑斯谛模型设置变量和选取样本数据,对现代信息服务业在 2004~2010 年的产业数据进行参数估计。假定现代信息服务业的产值为 X,则依据模型 (6-3) 可知:

$$X = \frac{M}{1 + c\exp(-\beta Mt)} \longrightarrow X = \frac{M}{1 + \left(\frac{M}{N} - 1\right)e^{-\beta Mt}}$$

为方便计算,假设变量 $\rho = \beta M$,则可以将上面的公式简化为:

$$x = \frac{M}{1 + \left(\frac{M}{N} - 1\right)e^{-\rho t}} \tag{6-7}$$

接着可估计模型 (6-7) 中的参数 ρ 和 M,最后计算出参数 β 的估计值。

(2) 数据分析。选取我国 2004~2010 年现代信息服务业的增加值对现代信息服务业演进的逻辑斯谛模型进行参数估计。本书使用 EViews 6.0 软件对参数 β 和 M 进行估计,结果如表 6-1 所示。

表 6-1　　　　现代信息服务业演进的逻辑斯谛模型参数估计结果

参数	估计值	标准差	t 检验值	Prob	R^2	Adjusted R^2
M	82371.81	9034.362	8.781064	0.0000	0.985742	0.985636
ρ	0.163569	0.001091	135.4319	0.0000		
β	0.00000199					

表 6-1 中 t 检验显著且 $R^2 = 0.985742$,表示拟合度好。依据表 6-1 中的参数结果绘制现代信息服务业演进的拟合曲线,如图 6-2 所示。现代信息服务业演进的拟合曲线也证明了逻辑斯谛方程模型能够用于解释现代信息服务业的动态发展过程和发展趋势。

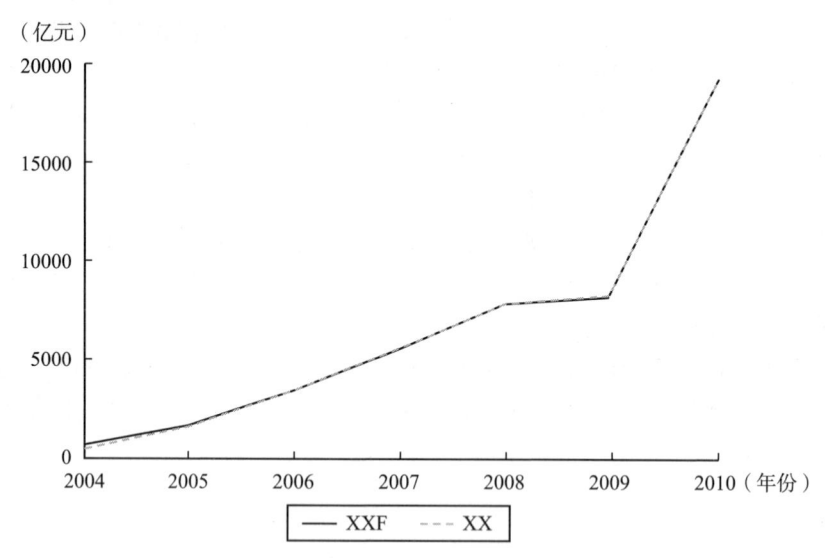

图 6-2 现代信息服务业演进曲线拟合图

6.1.3 结果分析

通过分析可知，逻辑斯谛产业演进模型不但可以用来研究产业的演进趋势，其另一个重要的作用是确定产业发展过程中所处的阶段，同时预测产业演进到下一阶段的关键点。帮助政府制定相关的产业发展战略和政策。如果对模型（6-2）的成长速度方程进行求导，则得到：

$$\frac{d^2X}{dt^2} = \beta^2 X(M-X)(M-2X) \quad (6-8)$$

模型（6-8）依据数学求导含义可知，其表示产业的产量增长速度的变化值，也就是在某时刻产业产量的加速度。通过设置二阶导数为零，可以求得模型（6-8）的拐点，也就是现代信息服务业演进曲线的拐点。

设 $\frac{dx}{dt}=0$ 且 $\beta>0$，则可由模型（6-8）解得 X 的三个值：

$$X_1 = 0$$
$$X_2 = M$$
$$X_3 = \frac{M}{2}$$

依据社会经济发展中产业发展的真实情况，当产业的产量为零（X=0）时，则表示产业已经消失了，这种情况同产业的现实情况不符。如果产业的产量为 M（X=M），也就是产业的产量已经达到了极值，这种情况与现实中产业处于不断发展中的情况不符。所以 $0 < X < M$，则上式求导的解应当为：

$X^* = \dfrac{M}{2}$，将这个解代入（6-3）中可得：

$$t^* = \frac{\ln c}{\beta M} \qquad (6-9)$$

这个点 (X^*, t^*) 就是产业演进曲线的拐点。在该点处产业的成长速度为：

$$\frac{dX}{dt} = \frac{\beta M^2}{4} \qquad (6-10)$$

对模型（6-8）再一次求导，可得：

$$\frac{d^3 X}{dt^3} = \beta^3 X(M-X)[M-(3+\sqrt{3})X][M-(3-\sqrt{3})X] \qquad (6-11)$$

求解模型（6-11），设 $\dfrac{d^3 X}{dt^3} = 0$ 且 $0 < X < M$，解得：

$$X_1 = \frac{M}{3+\sqrt{3}}$$

$$X_2 = \frac{M}{3-\sqrt{3}}$$

将 X_1 和 X_2 代入（6-3）中可得：

$$t_1 = \frac{\ln c - \ln(2+\sqrt{3})}{\beta M}$$

$$t_2 = \frac{\ln c + \ln(2+\sqrt{3})}{\beta M}$$

由此可解得 (X_1, t_1) 和 (X_2, t_2) 处的产业成长速度为：

$$\frac{dX}{dt} = \frac{\beta M^2}{6} \qquad (6-12)$$

产业的产量趋势曲线和成长速度曲线如图 6-3 所示。

根据前面的分析可知，产业的发展都是有限的，存在产业增长极限，即随着时间的变化产业发展规模会逐渐接近其极限状态，然后产业成长速度会不断降低，即在 $t \to +\infty$ 时，则产业产量（X）$\to M$，同时 $\dfrac{dX}{dt} \to 0$。

下面具体分析一下产业演进模型的趋势状态和曲线变化的特点，随着时间 t 的变化，产业演进的变量值（产量 X）表现出 S 型的变化，并且有一条上限渐进线 $X = M$，产量趋势曲线无限接近于 M。由图 6-3 可以看出，可以将产业演进曲线分为四段，那么相应的产业演进过程也可以划分为四个阶段。

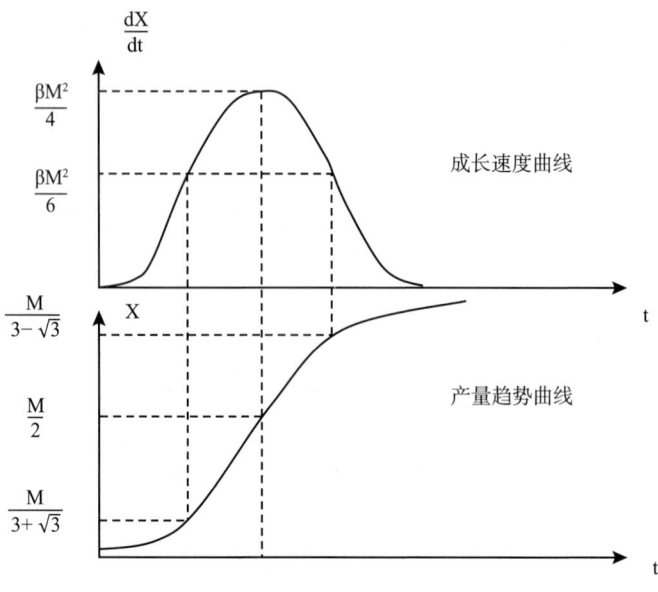

图 6-3 产量趋势曲线和产业成长速度曲线

第一阶段（孕育期），也就是 $0 < t < t_1$。若 $M > 0$，$\beta > 0$，则 $\dfrac{d^2X}{dt^2}$ 和 $\dfrac{d^3X}{dt^3}$ 的结果都为正值，说明产业处于第一阶段是其增长速度和加速度递增，产业的产量趋势曲线表现为指数型增长。当产业成长速度曲线达到第一个拐点 $\left(t_1, \dfrac{\beta M^2}{6}\right)$ 处时，产业的成长加速度上升为最大值。在这个时间点上，产业演进受到内外部影响因素的协同演进推动力为最大值，也就是产业积聚了最大的发展力量，可以以最大推动力推进产业演进。所以第一拐点所处的时间点 t_1 是产业演进过程中的"起飞点"，据此国内外专家也将产业从形成到 t_1 时间点处称为产业演进的"起步阶段"。此时产业的产出能够达到 $\dfrac{M}{3+\sqrt{3}}$（M 为极限值），也就是产业的产出能够达到大约极限值的 21.13%。$0 < t < t_1$ 阶段是产业发展的初步阶段，产业规模较小，产品数量和种类也较少，并且还没有被消费者广泛接受，此时需要不断拓展市场，提升产品的技术含量和增加值。如果产品逐渐被消费者认可，市场需求不断增加且从事该产业的企业可以获利，则该产业就具有不断发展的动力，且产业规模也会进一步扩大。

第二阶段（成长期），也就是 $t_1 < t < t_2$，这一时期是产业发展的成长期。若 $M > 0$，$\beta > 0$，则 $\dfrac{d^2X}{dt^2} > 0$，且 $\dfrac{d^3X}{dt^3} < 0$，这一时期产业的成长速度仍然为正值，产

业继续保持产量不断增加的趋势,但是产业成长速度的加速度小于零,成长速度的加速度开始下降,产业产出增长趋势呈现出线性增长的特征,这种情况表明产业发展在初步形成后步入了新的发展阶段。在市场需求、技术创新、产业政策等因素的协同作用下,产业的总体成本不断走低,产业的成长能力不断放大且市场需求不断增加,产品种类和技术含量得到提升,消费者对产品更加认可,导致产业规模进一步扩大。第二阶段是产业演进的关键阶段,渡过了产业孕育期的困难时期后,此时产业产量快速增加并最终在这一阶段会达到极限值的一半 $\left(\frac{M}{2}\right)$,并且最终产业的成长速度会达到 $\frac{\beta M^2}{4}$(最大值)。这一时期是产业演进过程中的"鼎盛时期"。

第三阶段(成熟期),也就是 $t^* < t < t_2$,这一时期是产业发展的成熟期。若 $M > 0$,$\beta > 0$,则 $\frac{d^2X}{dt^2} < 0$,且 $\frac{d^3X}{dt^3} < 0$,这一时期的产业的产量增长速度与成长加速度都是负值,表现出逐渐降低的趋势,此时产业基本呈现线性且产业增长动力已经明显减弱。同时在拐点 t_2 处时产业的产量达到了 $\frac{M}{3-\sqrt{3}}$,也就是产业的产量可以达到大约极限值的 78.87%,产业成长加速度为负数达到了最小值(取绝对值后最大)。这一时期产业已经非常成熟,市场规模也很稳定,产业的产品种类丰富且附加值高。

第四阶段(衰退期),也就是 $t > t_2$,这一时期是产业的衰退期。若 $M > 0$,$\beta > 0$,则 $\frac{d^2X}{dt^2} < 0$,且 $\frac{d^3X}{dt^3} < 0$,这一时期产业的产量在缓慢增长并不断接近极值,最终停止增长,而产业的成长速度也在不断降低。这一时期产业的产量已经完全满足了市场需求,只有通过技术创新等措施才能培育和挖掘出新的产品和新的消费需求,找到产业升级和优化的新方向,才能够启动产业演进的新轨迹。

综合上述分析,说明产业的演进是个动态复杂的自组织过程,受到内生动力和外生动力的影响,并且遵循逻辑斯谛方程。

依据 6.1.2 中用逻辑斯谛方程模型估计的参数值和前面有关产业演进过程的分析,可以进一步给出我国现代信息服务业未来的演进趋势和目前处于四个阶段中的哪个阶段。

根据表 6-1 可知,$M = 82371.81$,解得:

$$\frac{M}{3+\sqrt{3}} = 17407.21; \quad \frac{M}{2} = 41185.91; \quad \frac{M}{3-\sqrt{3}} = 64964.60$$

依据上节有关产业演进阶段的分析和推导则可知,我国现代信息服务业演进阶段孕育期产值的最大值为17407.21亿元，根据《中国统计年鉴（2011）》中我国现代信息服务业的产值统计，可知2010年我国现代信息服务业的产值才13600亿元，还没有达到第一阶段（孕育期）产业发展的产值最大值。所以可以判断出，我国的现代信息服务业还处于孕育期的阶段，没有到达现代信息服务业飞速发展的成长期。由于我国现代信息服务业发展时间不长且产业发展前期的统计数据没有被记录，所以还不能完全展示其产值的变化趋势图。总体来说，从2004~2010年，我国现代信息服务业产值的变化趋势还相对平稳，这也证明了现代信息服务业还处于缓慢增长的阶段，产业成长速度不高，还未达到产值快速增加的阶段，产业具有不断发展的动力和增长空间。虽然我国现代信息服务业的产值没有达到孕育期的最大值，但是已经十分接近孕育期的最大值，说明也许在近两年我国现代信息服务业就会进入快速发展的成长期。

6.2 现代信息服务业演进的混沌

混沌系统有三个主要特征：第一个特征是对初始条件的十分敏感且依赖；第二个特征是临界点，也就是非线性情况的触发点；第三个特征是分形维，描述了有序状态同无序状态的融合。在某种程度上混沌模型改变了传统科学里的周期模型，依据混沌的理念去研究之前被认为是有周期性特征的事物，常常会有不同的见解。混沌理论现在已被广泛用于研究社会问题等多个领域中。

混沌理论主要研究系统演进理论，即系统演进过程中从有序变为无序状态的理论，探讨了状态稳定系统产生随机过程的原因和机制[86]。在现实社会经济领域中混沌处处存在，而逻辑斯谛方程模型是其中一个混沌理论的代表性模型。

本书采用的逻辑斯谛方程模型虽然能够解释产业演进的基础规律，但是该模型是有一定的限定条件并不一定确定可靠。在产业的孕育期和成长期、产业规模扩张的时期，该方程模型能够适用于揭示这两个时期的产业演进，并且可以在很大程度上描述产业演进过程。但是在产业继续发展并逾越成长期后，在大部分情况下，逻辑斯谛方程模型就不能近似地描述产业演进了。在实际经济问题中应用逻辑斯谛模型时非常关键且困难的是确定产业的最大产量值（M），在实际产业发展过程中，参数M和β是不断变化的，这就会造成产业演进过程复杂化且难以描述。所以在采用逻辑斯谛方程模型研究现代信息服务业时，为了降低产业演进过程中的随机性使其能更准确地描述产业演进，最佳拟合现代信息服务业的演进过程，就需要进一步研究逻辑斯谛方程模型，这就涉及混沌理论的运用。

6.2.1 逻辑斯谛演进模型混沌的出现

本节依据基本的逻辑斯谛方程来分析混沌的出现机制。

对于基本的逻辑斯谛方程：$X_{t+1} = \alpha X_t (1 - X_t)$。其中参数 $0 < \alpha < 4$ 并且其对方程的演进形式和状态有关键影响。

基于1989年威廉·鲍莫尔与杰斯·贝纳比的研究，逻辑斯谛方程演进曲线的周期由 α 的取值确定[146]，该演进曲线的具体周期如表6-2所示。

表6-2　　　　　　　　　　逻辑斯谛方程演进曲线的周期

参数取值范围	演进曲线的周期
$0 < \alpha < 3$	演进曲线收敛于一个稳定点，也就是一条周期曲线，是稳定的轨迹
$\alpha = 3$	方程的演进曲线会变得不稳定，有两周期的状况发生
$3 < \alpha < 3.83$	方程的演进曲线表现为偶数倍周期；在 $\alpha \approx 3.5$ 时，方程曲线是四周期曲线；$\alpha \approx 3.54$ 时，方程曲线为八周期曲线；当 $\alpha \approx 3.83$ 时，方程曲线为三周期曲线，依据 LI-Yorke 定理[143]，这种情况表示有混沌现象
$3.83 < \alpha < 3.87$	奇数倍周期出现
$3.87 < \alpha < 4$	混沌出现

对产业演进方程模型 $\dfrac{dX}{dt} = \beta X(M - X)$ 做变换，假设：

$$Y = \frac{X}{M} \rightarrow X = YM \qquad (6-13)$$

则：

$$\frac{dx}{dt} = \beta X(M - X) \rightarrow \frac{dYM}{dt} = \beta X(M - X) \qquad (6-14)$$

$$\rightarrow \frac{dY}{dt} = \frac{1}{M}\beta X(M - X) \qquad (6-15)$$

$$\rightarrow \frac{dY}{dt} = \beta M \frac{X}{M} - \beta \frac{X^2}{M} = \beta M \frac{X}{M}\left(1 - \frac{X}{M}\right) \qquad (6-16)$$

由方程（6-13）可以推导出：$\dfrac{dY}{dt} = \beta M Y(1 - Y) \qquad (6-17)$

假设 $\beta M = \rho$，则进一步可推导出：

$$\frac{dY}{dt} = \rho Y(1 - Y) \qquad (6-18)$$

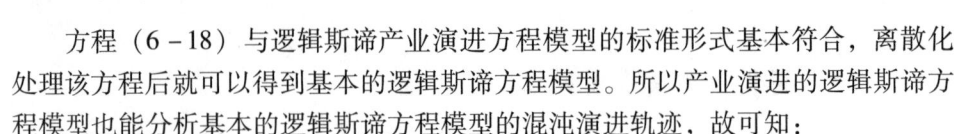

方程（6-18）与逻辑斯谛产业演进方程模型的标准形式基本符合，离散化处理该方程后就可以得到基本的逻辑斯谛方程模型。所以产业演进的逻辑斯谛方程模型也能分析基本的逻辑斯谛方程模型的混沌演进轨迹，故可知：

（1）如果 M 是固定的某个常数，由 $\beta = \dfrac{\rho}{M}$ 则能够得到 β 在一定取值范围内时产业演进曲线的大概走势。因为 β 是产业演进过程中的成长速度值，那么 β 的变动可能引起产业演进过程中出现的混沌。产业的成长率与 β 等因素有密切的关系，所以可以认为不断变化的产业生长率也会引起产业出现混沌。

（2）如果参数 M 不一定是一个常数。正如前文的介绍，在实际的经济社会中参数 β 和 M 是动态变化的，这就会导致产业演进过程更加复杂。这种情况下，不能通过逻辑斯谛产业演进方程模型推导出基本的逻辑斯谛方程模型，所以就不能通过逻辑斯谛产业演进方程模型估算出产业演进的走势并判断混沌出现的时间。依据 $\beta = \dfrac{\rho}{M}$，其由产业在市场中的产品需求规模的极限值，也就是由产品的价格、产品的营销模式、该产业的技术水平和技术传播速度等原因决定，这些众多的原因也使产业演进更加错综复杂。

在产业演进的整个过程中，产业的产品需求量是不断增加的，但这并不表示市场对产业的产品需求量是时刻变化的，一般情况下，在一个时间段内，相对来说产品需求量是没有变化的，同时该产业所处的技术水平也是没有变化的，并不是时刻都会有技术创新产生。所以在研究产业演进的过程与混沌出现时，我们可以认为在一个时间段内产业演进时，产品需求量是不变的，但是在产业演进的整个过程中，产品的需求量会不断增加，可以用以下表达式表示。

$$\begin{cases} M = M_1, & t < t_1 \\ M = M_2, & t \geq t_2 \end{cases}$$

其中 $M_2 > M_1$，如果 M_1 和 M_2 两个值是常量，是产业演进过程中的各个阶段产业产量的极限值，那么依据前面的计算能够得出对应的时期内：

$$\dfrac{dY(t)}{dt} = \begin{cases} \beta M_1 Y_1 (1 - Y_1) = \rho_1 Y_1 (1 - Y_1), & t < t_1 \\ \beta M_2 Y_1 (1 - Y_1) = \rho_2 Y_1 (1 - Y_1), & t \geq t_1 \end{cases} \quad (6-19)$$

依据前面的假设，$\rho = \beta M$ 且 $\rho_1 = \beta M_1$，$\rho_2 = \beta M_2$，同时 $M_2 > M_1$，则 $\rho_2 > \rho_1$。将方程（6-19）当作产业演进中新的模型形式。如果 $\rho_1 = 3$ 则当 $t < t_1$ 时期，产业演进模型（6-19）中的第一个方程将会表现出 2 周期；而当 $t > t_1$ 时期，产业演进就可以用 $\beta M_2 Y_1 (1 - Y_1) = \rho_2 Y_1 (1 - Y_1)$ 表示，但是因为 $M_2 > M_1$，而 $\rho_2 = \dfrac{\rho_1}{M_1} M_2$，即 $\rho_2 > 3$，则依据表 6-2 的分析 $M_2 Y_1 (1 - Y_1) = \rho_2 Y_1 (1 - Y_1)$ 表示的产

业演进走势中会呈现偶数倍周期。

依据表 6-2 的解释,在 3.87 < ρ < 4 的情况下,产业演进曲线的周期中会呈现混沌现象,那么如果 3.87 < $ρ_1$ < $ρ_2$ < 4,模型(6-19)中两个阶段的产业演进会出现混沌现象。因此可以揭示产业演进过程中,尽管 M 也许不为固定常数,只要在两个阶段的产业演进方程模型中,M 在这两个阶段分别为常数的情况下,产业演进方程模型仍然会表现出不规律的周期行为,也就是混沌现象。

在现实经济中,由于参数 β 和 M 是随时间动态变化的,导致了产业演进的整个过程可以用很多小的相似的演进过程组合而成,这种情形被叫作产业演进的分形特征,也就是产业演进的整个过程和其演进过程的每个小阶段都表现为相似的演进规律。进一步观察产业演进的 S 形曲线也同样可以得出,伴随着产业演进的整条走势曲线,其演进的子阶段性走势曲线也都是 S 形走势曲线,每一个子阶段演进过程的上一起期和下一起期都与另一个相似的演进过程相连接,其整体组成了一个完整的产业演进过程。因此可知,产业演进过程具有分形的特点。

6.2.2 状态空间重构和关联维计算

产业复杂的演进过程中会受到各种大量随机的、线性的或者非线性的因素影响,整个产业的演进是其内生动力和外生动力等多种动力因素直接或者间接互相推动产生的结果。在研究产业演进存在混沌时主要采用的方法是相空间重构和关联维计算,这是验证产业在离散时间序列有混沌存在的关键方法[78]。

因为产业整个演进过程具有分形特征,所以在混沌相关理论中一般采用分维值来描述分形情况,分维值给出了产业的有效自由度数。当前使用 G-P 算法来计算关联维度,常用的分维是关联度[148]。

假设可以用非线性差分方程表示离散时间段某产业系统的演进:

$$Y_{n+1} = F(Y_n) \tag{6-20}$$

公式(6-20)中的 F 是向量值 Y_n 的函数;Y_n 是在时间 n 处的 d 维状态变量。

假设产业系统输出值的观察值由时间序列 X_n 组成,则可以得到:

$$X_n = g(Y_n) + \varepsilon_n \tag{6-21}$$

公式(6-21)中的 g 是数量值函数;ε_n 是因为不精确和不完善的观察手段造成的附加噪声。

依据 1981 年 Takens 的嵌入定理(相空间重构和混沌识别),当 ε_n = 0 时,假设 X_1, X_2, …, X_n 是某时期表示产业状况的 n 个观测值,基于时间间隔法,按间隔 ϵ 在观察值(X_1, X_2, …, X_n)中取值,然后将这些取值作为分量组成维数较低的 j 维矢量：
$$X_n = (x_n, x_n + \epsilon, \cdots, x_n + (j-1)\epsilon), \quad i = 1, 2, \cdots$$

在产业系统具有噪声的条件中重新构建相空间的情况下，j 应该符合的条件是：j≥2S+1，以此得到重新构建产业系统的最小整数 j，也就是嵌入空间维数。ϵ 是延迟时间，为正整数，一般 ϵ 是通过经验给定的。重构相空间的根本规则是为让 x_n 与 x_{n+1} 在某种程度上既独立但又不能完全不相关[149]。

依据产业系统的相空间重构计算关联维数 S。为了使产业系统的观测数据间不存在自相关，降低或者基本排除因为观测数据自相关导致的错误结果，构建如下公式[150]：

$$G(\rho, M, u) = \frac{2}{(M-u+1)(M-u)} \sum_{M=u}^{M} \sum_{i=1}^{M-n} R(h - |W_{i+n} - W_i|) \quad (6-22)$$

公式（6-22）中 R 是 Heaviside 函数，即：

$$R(X) = \begin{cases} 1 & x \geq 0 \\ 0 & x < 0 \end{cases}$$

公式（6-22）中的 u 必须符合：

$$u \geq \tau \left(\frac{2}{M}\right)^{\frac{2}{j}}$$

$G(\rho, M, u)$ 为相空间 X_n 的关联积分，其中 ρ 是固定的一个常数；M 是总共构建的矢量的数量；$M = n - \tau(j-1)$，凡是距离小于 ρ 的矢量，就是有关联的矢量。根据公式（6-22）可以定义关联维数为：

$$S = \lim_{\rho \to 0} \lim_{M \to \infty} \frac{d[\log_2 G(\rho, M, u)]/d\rho}{d[\log_2(\rho)]d\rho} \quad (6-23)$$

其中，j 在 S 和 2S+1 之间取均值，则对原始数据取 $\langle H_0 \rangle = s_0$，代替数据 $\langle H^* \rangle = s^*$，采用 $\langle H \rangle$ 描述 H 的平均值，那么能得出：

$$Y = |\langle H^* \rangle - \langle H_0 \rangle|/\varphi^* \quad (6-24)$$

公式（6-24）中的 φ^* 为 $\langle H^* \rangle = s^*$ 的均方差，Y 是判断条件。

若样本是随机的，并且 $|\langle H^* \rangle - \langle H_0 \rangle|$ 很小，那么判断条件 Y 也很小。若样本是确定的，$|\langle H^* \rangle - \langle H_0 \rangle|$ 数值很大，那么判断条件 Y 就很大。由统计检验知识可知，在显著性水平为 0.05 时，如果 Y 大于等于 1.96，则说明 $\langle H^* \rangle = s^*$ 和原数据存在显著区别，在 95% 的置信水平上，原数据是混沌为主的非线性的时序。相反，如果 Y 小于 1.96，原数据是随机因素为主的时序[151]。

若通过分析说明 X_i 序列的确存在混沌，那么当相空间维数 M 不断变大，关联维数 S 肯定也同时会变大，只是变大的速率会不断降低。在 M 变大到一定水平的情况下，S 将逐渐达到极值，不会因为 M 变大而继续变大。序列的混沌吸引的子关联维数 S 通常是非整数,在现实情况下使用不同的 M 数值,来判断是否是固定的关联维数 S,进一步判断混沌的分岔情况。

6.3 相关服务业子产业演进周期的实证分析

依据我国目前的国民经济统计口径和产业分类标准,本节选取现代服务业中的五个子产业的产业增加值数据进行实证分析。

6.3.1 子产业的选取和数据整理

本书选取金融业、租赁和商务服务业、科学研究和技术服务业、居民服务和其他服务业、公共管理和社会组织这五个现代服务业的子产业进行服务业类产业对比分析。这五个现代服务业中的子产业,数据比较容易获取,其中金融业、科学研究和技术服务业是我国大力发展和扶持的产业之一。第三产业目前在发达国家的产业比重约占 70% 以上,部分发展中国家的比重大约为 55%~65%[18]。深度对比分析这五个现代服务业的子产业有助于我国制定相应的产业战略和产业政策。

金融业、租赁和商务服务业、科学研究和技术服务业、居民服务和其他服务业、公共管理和社会组织这五个现代服务业的子产业的状态变量 X 的样本值为产业增加值,数据期间为 2004~2010 年,共 7 年的数据。本书的数据来源于历年的《中国统计年鉴》《中国第三产业统计年鉴》。

6.3.2 服务业子产业的估计结果

本书采用 6.1.2 节和 6.1.3 节的参数估计和过程分析方法,同时使用 EViews 6.0 软件进行具体分析。金融业、租赁和商务服务业、科学研究和技术服务业、居民服务和其他服务业、公共管理和社会组织五个产业的估计结果依次为表 6-3~表 6-7,产业拟合曲线为图 6-4~图 6-8。

(1) 金融业的估计结果。

表 6-3 中 t 检验显著,且 $R^2 = 0.9625427$,表示拟合度好。依据表 6-3 中的参数结果绘制金融业演进的拟合曲线,如图 6-4 所示。金融业演进的拟合曲线也证明了逻辑斯谛方程模型能够用于解释金融业的动态发展过程和发展趋势。

表6-3　　　　金融业演进的逻辑斯谛模型参数估计结果

参数	估计值	标准差	t检验值	Prob	R^2	Adjusted R^2
M	876925.6	38962.75	10.45792	0.0128	0.9625427	0.9598654
ρ	0.3896256	0.009811	15.63928	0.0000		
β	0.00000044					

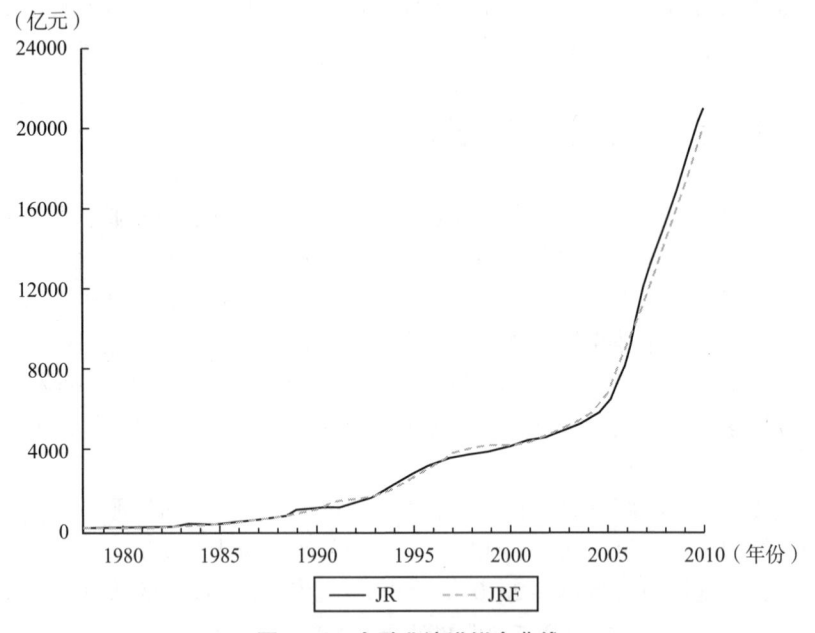

图6-4　金融业演进拟合曲线

（2）租赁和商务服务业的估计结果。

表6-4中t检验显著，且R^2 =0.969241，表示拟合度好。依据表6-4中的参数结果绘制租赁和商务服务业演进的拟合曲线，如图6-5所示。租赁和商务服务业的拟合曲线也证明了逻辑斯谛方程模型能够用于解释租赁和商务服务业的动态发展过程和发展趋势。

表6-4　　　租赁和商务服务业演进的逻辑斯谛模型参数估计结果

参数	估计值	标准差	t检验值	Prob	R^2	Adjusted R^2
M	32371.81	6859.421	8.591532	0.0981	0.969241	0.957362
ρ	0.118759	0.003221	112.3216	0.0000		
β	0.00000367					

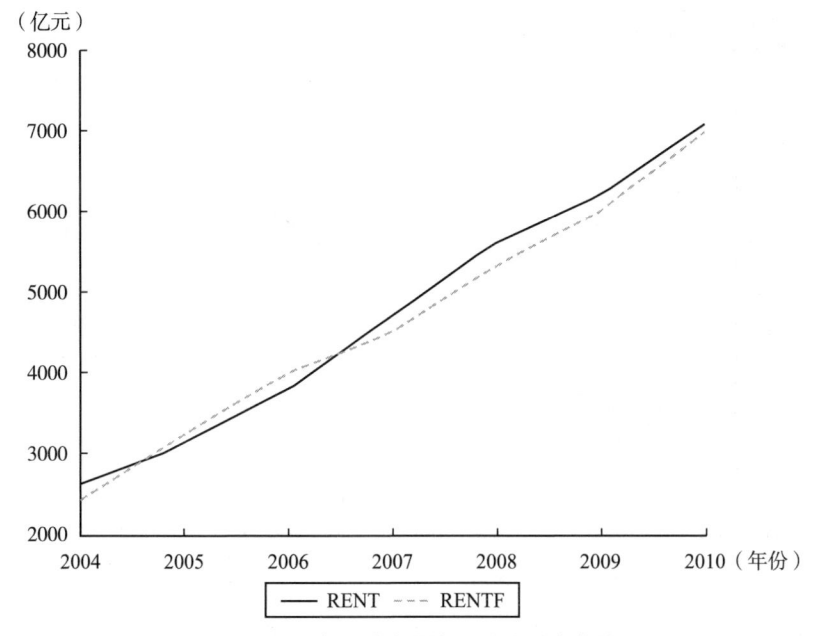

图6-5 租赁和商务服务业演进拟合曲线

（3）科学研究和技术服务业的估计结果。

表6-5中t检验显著，且$R^2=0.9612351$，表示拟合度好。依据表6-5中的参数结果绘制科学研究和技术服务业演进的拟合曲线，如图6-6所示。科学研究和技术服务业演进的拟合曲线也证明了逻辑斯谛方程模型能够用于解释科学研究和技术服务业的动态发展过程和发展趋势。

表6-5　科学研究和技术服务业的逻辑斯谛模型参数估计结果

参数	估计值	标准差	t检验值	Prob	R^2	Adjusted R^2
M	28371.81	11087.49	6.798105	0.0672	0.9612351	0.9602596
ρ	0.186598	0.051284	102.3126	0.0000		
β	0.00000658					

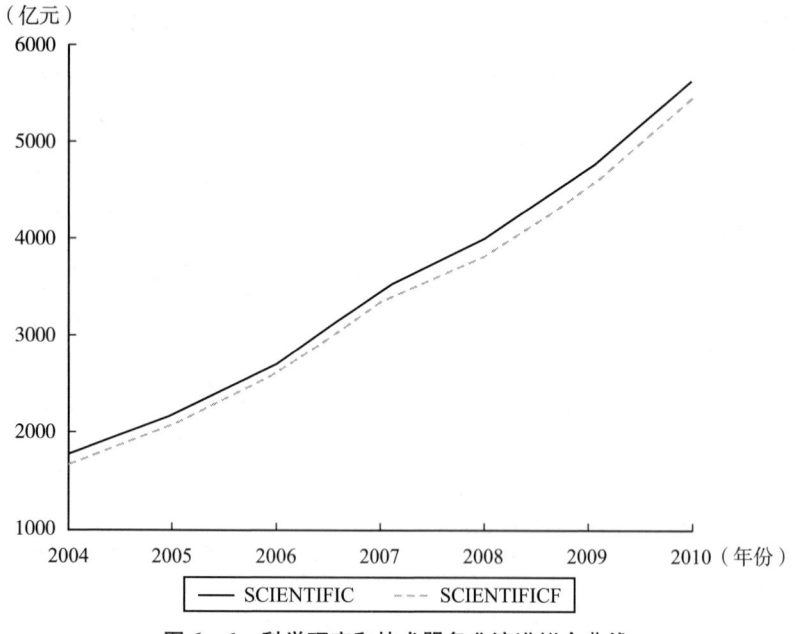

图 6-6 科学研究和技术服务业演进拟合曲线

（4）居民服务和其他服务业的估计结果。

表 6-6 中 t 检验显著，且 $R^2 = 0.9678564$，表示拟合度好。依据表 6-6 中的参数结果绘制居民服务和其他服务业演进的拟合曲线，如图 6-7 所示。居民服务和其他服务业演进的拟合曲线也证明了逻辑斯谛方程模型能够用于解释居民服务和其他服务业的动态发展过程和发展趋势。

表 6-6　居民服务和其他服务业演进的逻辑斯谛模型参数估计结果

参数	估计值	标准差	t 检验值	Prob	R^2	Adjusted R^2
M	30567.46	3458.956	3.859631	0.0495	0.9678564	0.9642563
ρ	0.1781963	0.029637	78.69547	0.0000		
β	0.00000583					

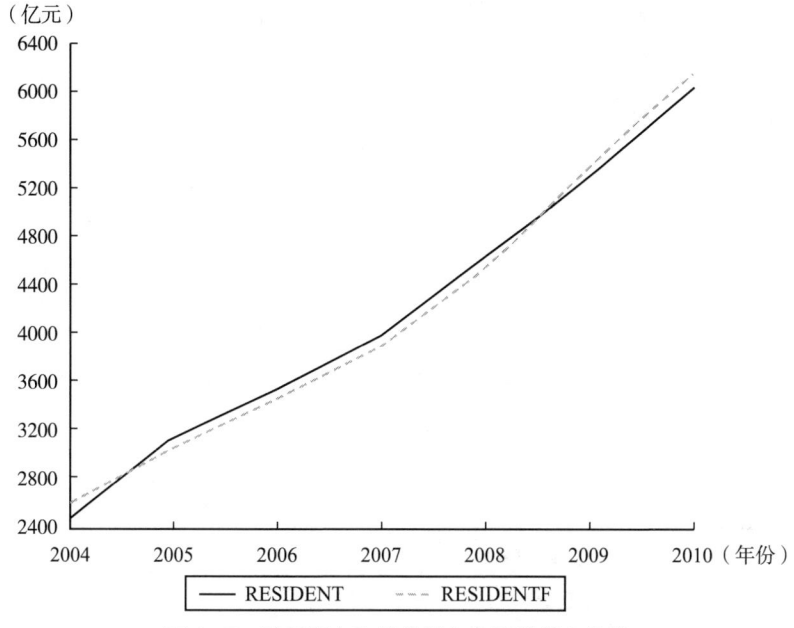

图 6-7 居民服务和其他服务业演进拟合曲线

（5）公共管理和社会组织的估计结果。

表 6-7 中 t 检验显著，且 $R^2 = 0.956231$，表示拟合度好。依据表 6-7 中的参数结果绘制公共管理和社会组织演进的拟合曲线，如图 6-8 所示。公共管理和社会组织演进的拟合曲线也证明了逻辑斯谛方程模型能够用于解释公共管理和社会组织的动态发展过程和发展趋势。

表 6-7　　公共管理和社会组织演进的逻辑斯谛模型参数估计结果

参数	估计值	标准差	t 检验值	Prob	R^2	Adjusted R^2
M	389976.6	23623.68	9.260198	0.0903	0.956231	0.954265
ρ	0.686947	0.003625	96.63754	0.0000		
β	0.00000176					

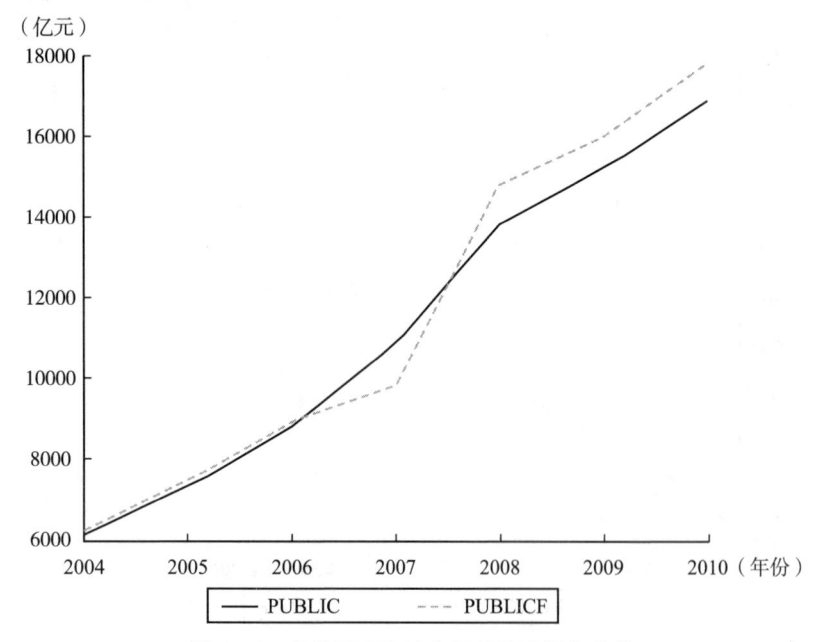

图 6-8 公共管理和社会组织演进拟合曲线

6.3.3 服务业子产业演进阶段分析

（1）金融业的演进阶段分析。

根据表 6-3 可知，M = 876925.6，解得：

$$\frac{M}{3+\sqrt{3}} = 185294.38 ; \quad \frac{M}{2} = 438462.8 ; \quad \frac{M}{3-\sqrt{3}} = 691631.22$$

依据 6.1.3 节中有关产业演进阶段的分析和推导则可知，我国金融业演进阶段孕育期增加值的最大值为 185294.38 亿元，根据《中国统计年鉴（2011）》中我国金融业的增加值统计，可知 2010 年我国金融业的增加值才 20980.6 亿元，还没有达到第一阶段（孕育期）产业发展的增加值最大值。所以可以判断出，我国的金融业还处于孕育期的阶段，没有达到金融业飞速发展的成长期。总体来说2004～2010 年，我国金融业增加值的变化趋势还相对平稳，这也证明了金融业还处于不断增长的阶段，产业成长速度不高，还未达到增加值快速增加的阶段，我国金融业具有不断发展的动力和增长空间。

（2）租赁和商务服务业的演进阶段分析。

根据表 6-4 可知，M = 32371.81，解得：

$$\frac{M}{3+\sqrt{3}} = 6840.16 ; \quad \frac{M}{2} = 16185.91 ; \quad \frac{M}{3-\sqrt{3}} = 25531.65$$

依据 6.1.3 节中有关产业演进阶段的分析和推导则可知,我国租赁和商务服务业演进阶段孕育期增加值的最大值为 6840.16 亿元,根据《中国统计年鉴(2011)》中我国租赁和商务服务业的增加值,可知 2010 年我国租赁和商务服务业的增加值已经超越第一阶段(孕育期)产业发展的增加值最大值。所以可以判断出,我国的租赁和商务服务业处于第二阶段(成长期)。这一时期租赁和商务服务业的成长速度仍然为正值,租赁和商务服务业继续保持产量不断增加的趋势,但是租赁和商务服务业成长速度的加速度为负值,成长速度的加速度开始下降,租赁和商务服务业的产量增长趋势呈现出线性增长的特征,这种情况表明租赁和商务服务业发展在初步形成后步入了新的发展阶段。

(3) 科学研究和技术服务业的演进阶段分析。

根据表 6-5 可知,M = 28371.81,解得:

$$\frac{M}{3+\sqrt{3}} = 5994.96 ; \frac{M}{2} = 14185.91 ; \frac{M}{3-\sqrt{3}} = 22376.85$$

同理依据 6.1.3 节中有关产业演进阶段的分析和推导则可知,我国科学研究和技术服务业演进阶段孕育期增加值的最大值为 5994.96 亿元,根据《中国统计年鉴(2011)》中我国科学研究和技术服务业的增加值,可知 2010 年我国科学研究和技术服务业的增加值还没有超过第一阶段(孕育期)产业发展的增加值最大值。所以可以判断出,我国的科学研究和技术服务业现在处于孕育期的阶段,没有达到科学研究和技术服务业飞速发展的成长期。总体来说 2004～2010 年,我国科学研究和技术服务业增加值的变化趋势还相对平稳,这也证明了科学研究和技术服务业还处于不断增长的阶段,科学研究和技术服务业成长速度不高,还未达到增加值快速增加的阶段,我国科学研究和技术服务业具有不断发展的动力和增长空间。

(4) 居民服务和其他服务业的演进阶段分析。

根据表 6-6 可知,M = 30567.46,解得:

$$\frac{M}{3+\sqrt{3}} = 6458.90 ; \frac{M}{2} = 15283.73 ; \frac{M}{3-\sqrt{3}} = 24108.56$$

依据 6.1.3 节中有关产业演进阶段的分析和推导则可知,我国居民服务和其他服务业演进阶段孕育期增加值的最大值为 6458.90 亿元,根据《中国统计年鉴(2011)》中我国居民服务和其他服务业的增加值,可知 2010 年我国居民服务和其他服务业的增加值还没有超过第一阶段(孕育期)产业发展的增加值最大值。所以可以判断出,我国的居民服务和其他服务业现在处于孕育期的阶段,没有达到居民服务和其他服务业飞速发展的成长期。总体来说 2004～2010 年我国居民服务和其他服务业增加值的变化趋势还相对平稳,这也证明了居民服务和其他服务业还处于不断增长的阶段，居民服务和其他服务业成长速度不高，还未达到增加值快速增加的阶段，我国居民服务和其他服务业具有不断发展的动力和增长空间。

（5）公共管理和社会组织的演进阶段分析。

根据表6-7可知，M=389976.6，解得：

$\frac{M}{3+\sqrt{3}}=82402.06$；$\frac{M}{2}=194988.3$；$\frac{M}{3-\sqrt{3}}=307574.54$

依据6.1.3节中有关产业演进阶段的分析和推导可知，我国公共管理和社会组织演进阶段孕育期增加值的最大值为82402.06亿元，根据《中国统计年鉴（2011）》中我国房地产业的增加值，可知2010年我国公共管理和社会组织的增加值还没有达到第一阶段（孕育期）产业发展的增加值最大值。所以可以判断出，我国的公共管理和社会组织还处于孕育期的阶段，没有达到公共管理和社会组织飞速发展的成长期。公共管理和社会组织还处于缓慢增长的阶段，公共管理和社会组织成长速度不高，还未达到增加值快速增加的阶段，公共管理和社会组织具有不断发展的动力和增长空间。

前面的产业演进分析结果，与服务业五个子产业实际发展情况也很相似。在这五个产业中，租赁和商务服务业目前正处于快速成长期；金融业、科学研究和技术服务业、居民服务和其他服务业、公共管理和社会组织目前处于孕育期，还有较大的发展空间和动力。这五个子产业中没有达到成熟期的产业。通过实证分析，进一步说明我国服务业中子产业演进的过程遵循逻辑斯谛方程曲线。

6.4 本章小结

首先，本章重点采用自组织理论中的逻辑斯谛方程模型，研究了现代信息服务业的演进过程，依据逻辑斯谛的基本理论，使用EViews 6.0软件进行运算和参数估计，获得了近年来我国现代信息服务业的演进和变化趋势，证明现代信息服务业演进过程与逻辑斯谛方程模型的特征一致。目前现代信息服务业处于孕育期，还处于缓慢增长的阶段，产业成长速度不高，还未达到产值快速增加的阶段，具有不断发展的动力和增长空间，其产值已经十分接近孕育期的最大值，表明在近几年内我国现代信息服务业就会进入快速发展的成长期。

其次，本章深入分析了现代信息服务业演进的逻辑斯谛过程，基于混沌理论研究了逻辑斯谛方程的混沌分岔特征、状态空间重构、关联维计算，通过判断周期进一步分析了现代信息服务业演进中出现的混沌。

最后，本章采用自组织理论中的逻辑斯谛方程模型，研究了金融业、租赁和商务服务业、科学研究和技术服务业、居民服务和其他服务业、公共管理和社会组织这五个现代服务业子产业的演进过程和演进阶段，使用 EViews 6.0 软件进行运算和参数估计，证明这五个产业中的金融业、科学研究和技术服务业、居民服务和其他服务业、公共管理和社会组织目前处于产业演进的孕育期，租赁和商务服务业处于产业演进的快速成长期。

第 7 章

北京市现代信息服务业演进机理实证分析

为了深入分析现代信息服务业演进机理,并使问题的研究具有可延续性,本章以北京市信息服务业发展为例进行现代信息服务业演进机理典型区域实证分析。

7.1 北京市现代信息服务业发展现状

从 21 世纪开始,现代信息服务业已不断渗透到社会发展、人们生活、国民经济发展的所有领域中,技术创新能力不断提升,商业模式革新提速,产业结构调整转变加快,使我国现代信息服务业的发展有了十分广阔的发展机遇。在实施"绿色北京、科技北京、人文北京"规划和建设"世界城市"的整个过程中,现代信息服务业作为关键战略性主导产业,会对北京市提高自身创新水平,推进国民经济转变发展方式,提速产业结构调整,具有核心保证与高端引导的作用。

北京作为全国现代信息服务业的首要基地,坚持科学发展、自主创新的原则,加快做大做强、高端发展的步伐,积极探索新形势下产业发展的新模式,为"十二五"期间现代信息服务业产业取得新的更大发展奠定了基础。当前北京市现代信息服务业具有以下五大特点。

7.1.1 产业规模不断扩大,进入有世界影响力的信息服务业区域行列

2010 年,北京市信息服务业资产总计 15828.8 亿元,其中利润总额为 889.0 亿元,营业收入为 3541 亿元,近 5 年的年均增长 20%以上。信息服务业从业人员 58.4 万人。2010 年出口 13.2 亿美元,出口目的地覆盖 30 多个国家和地区。产业增加值实现 1242.2 亿元,占地区生产总值(地区 GDP)的比重从 2006 年的

8.6%上升为2010年的9.0%。[87]

通过"十一五"的发展，北京软件和信息服务业的收入超过爱尔兰，是印度班加罗尔市的1.5倍，从业人员总数超过美国的硅谷地区。在产业规模和产业增长速度方面，北京已步入了世界信息服务业城市之列。北京市现代信息服务业生产总值如图7-1所示，北京市信息服务业从业人数如图7-2所示。

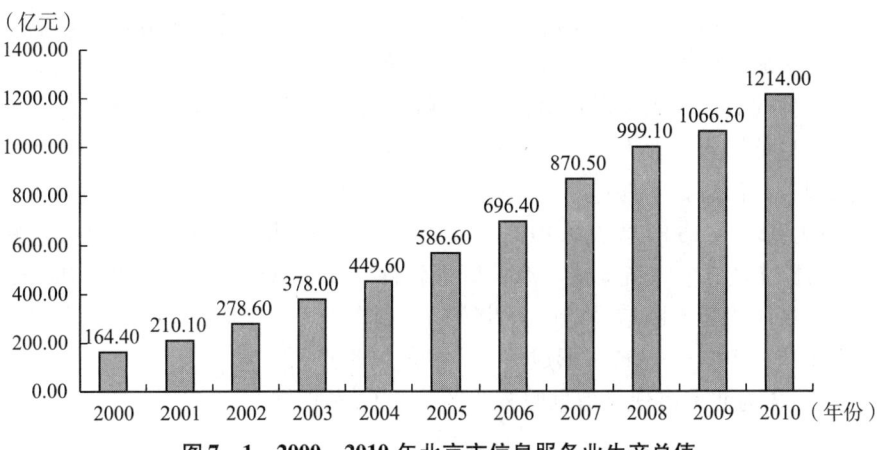

图7-1　2000~2010年北京市信息服务业生产总值

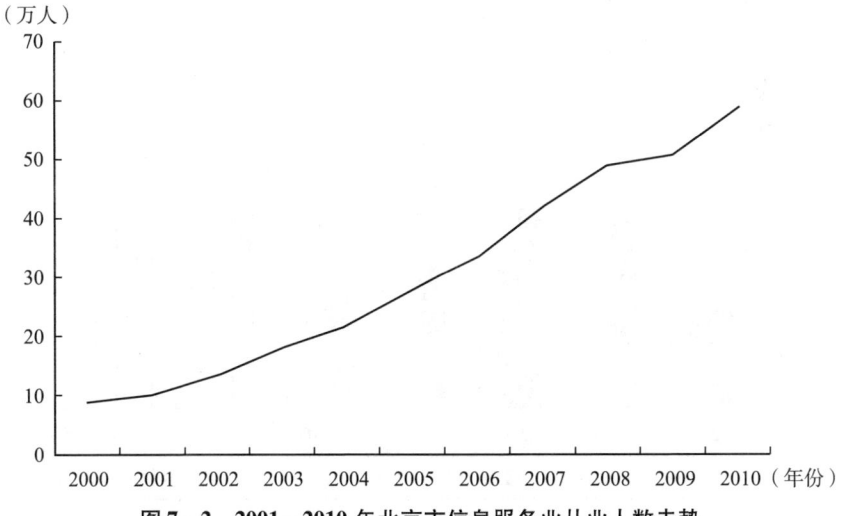

图7-2　2001~2010年北京市信息服务业从业人数走势

7.1.2 产业结构不断完善，成为全球综合性信息服务业城市之一

北京信息服务业以行业应用软件和信息服务为主体，产业链相对完整，优势领域比较突出，新兴领域较快发展，构成了包括信息传输、基础和应用软件、信息技术服务、信息内容服务、嵌入式软件和设计等全面的产业链。

北京市信息服务业在我国的竞争优势较强。在各领域应用方面，以各级政府、金融领域、农业领域、工业设计、生产和服务、公共管理等领域的行业解决办法为典型代表，收入总量占全市的比例超过1/3，占全国市场的份额达到30%多。在信息传输服务业方面、信息技术服务业方面、信息内容服务业方面，以网络信息服务、信息技术外包、信息咨询和信息内容为代表，收入总量达到全市的1/4，成为我国网络信息服务中心和竞争力很强的世界信息服务业接包地之一。[87] 在智能搜索、系统集成、企业管理软件、安全软件、网络游戏等细分行业中，北京区域优势不断增强。以云计算、移动网络、电子商务等为代表的新技术收入增速超过50%，已初步形成了产业的新增长点。

图7-3为北京市现代信息服务业各子产业增加值。

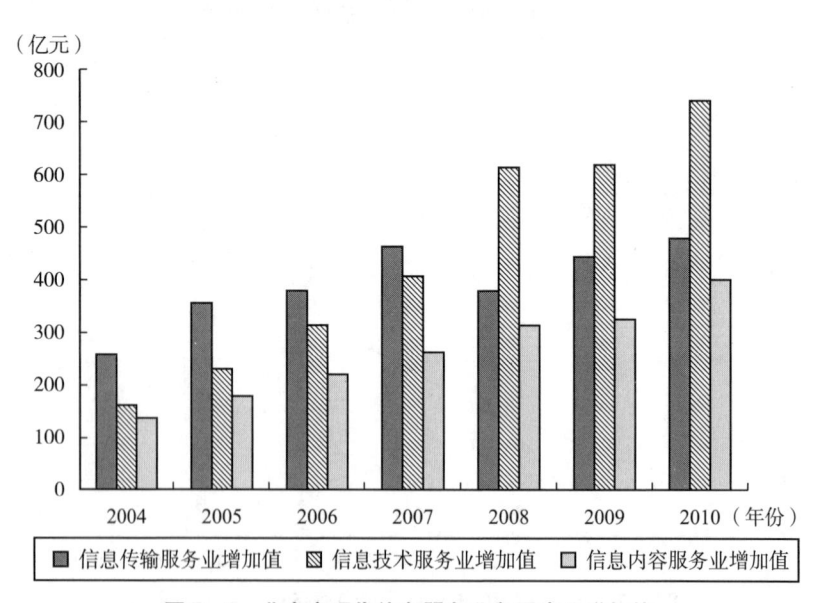

图7-3 北京市现代信息服务业各子产业增加值

7.1.3 骨干企业实力增强，世界级企业初具雏形

北京信息服务业的产业集聚度提升较大，大量大型关键企业在我国和世界的地位大幅度提升。2010年，信息服务业企业年收入超过10亿元的数量已达到40多家，占信息服务业产业总收入40%以上。我国软件业务收入前百家企业中，北京的软件企业达到全国的30%左右。北京的软件和信息服务企业在资本市场表现活跃，截至2010年底，共有上市企业90家，总市值超过8000亿元。从全球看，有4家企业达到世界软件百强的收入规模；有3家外包企业入围全球外包百强，进入国际外包服务供应商一线阵营；有12家企业进入全球知名网站前100名行列。[88]

7.1.4 创新能力不断提升，成为全球新兴的软件创新中心之一

经过"十一五"的发展，北京软件和信息服务业的核心技术取得进一步突破，初步形成了自主完整的产品体系。2010年，北京软件著作权登记量为24905件，占全国软件著作权登记总量的30.4%。跨国公司在北京设立的研发中心超过100家，拥有一批世界知名的研发机构。[88]

7.1.5 产业集聚效应明显，世界一流园区建设初见成效

中关村国家自主创新示范区的信息服务业总收入达到北京市的3/4左右，展现了中关村科技园区集聚程度很高的产业布局状况。以中关村国家自主创新示范核心区位为主体，形成了石景山网络游戏软件基地、朝阳信息服务、密云数据中心等一批具有特色的产业聚集区。中关村软件园及上地信息产业基地聚集了几百家企业和几十家国际知名软件研发中心，是我国规模最大的信息服务产业基地，培育了大量国内领先且知名的企业，不断向世界信息服务业园区前进。

7.2 北京市现代信息服务业演进的系统动力学分析

7.2.1 北京市现代信息服务业演进仿真模型的构建

（1）北京市现代信息服务业演进因果关系图。假定北京市现代信息服务业增

加值为 BAVIS，假定影响北京市现代信息服务业的其他变量。

北京市人均 GDP 为 BPGDP；

北京市电信主要业务量为 BTMV；

北京市现代信息服务业从业人数为 BEISI；

北京市现代信息服务业固定资产投资额为 BFI；

北京市 R&D 经费为 BR&D。

进一步构建北京市现代信息服务业演进的因果关系图。其中，北京市人均 GDP、北京市电信主要业务量、北京市信息服务业从业人数、北京市信息服务业固定资产投资、北京市 R&D 经费为影响北京市现代信息服务业发展的最关键的因素，定性描述其反馈机理和各影响因素的状态，确定北京市现代信息服务业演进的因果关系图是本书建立北京市现代信息服务业演进的系统动力学模型的重要步骤，它是经过反复测试以后得到的。北京市现代信息服务业演进的因果关系如图 7-4 所示。

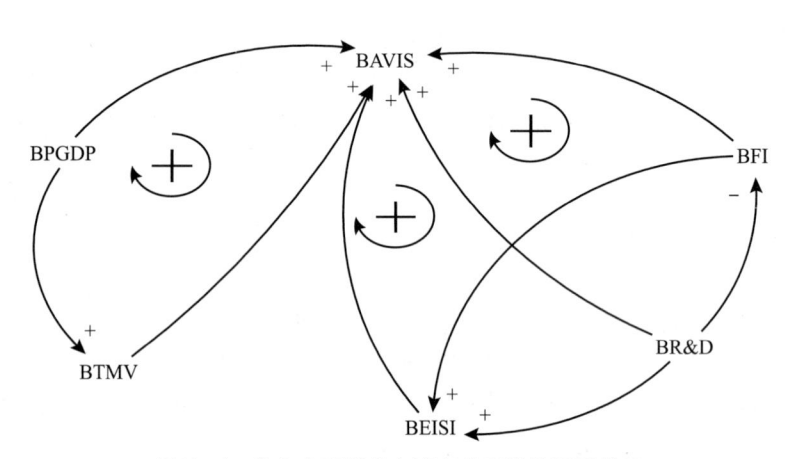

图 7-4　北京市现代信息服务业系统的因果关系

（2）原因树和结果树。通过使用系统动力学 Vensim 仿真软件，获得了北京市现代信息服务业演进的原因树和结果树。其中，原因树可以揭示影响不同变量的各种因素，通过逐步逆向回溯揭示了北京市现代信息服务业增加值（BAVIS）不同层的所有变量的影响结构，如图 7-5 所示。BAVIS 的具体数值是由各层变量的作用来确定的。

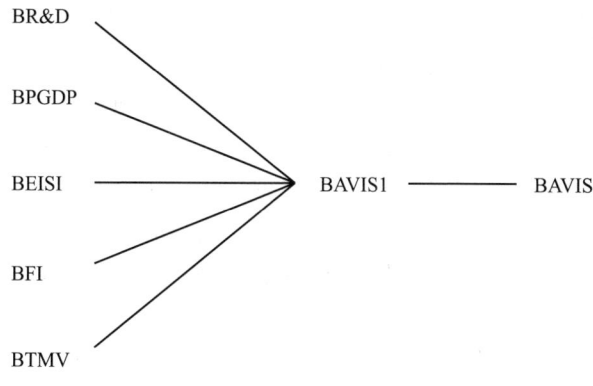

图7-5　北京市现代信息服务业增加值原因树

和原因树不同，结果树可以揭示影响某个变量的其他变量，给出了变量正向追溯的影响过程。通过正向追溯揭示了某个变量对北京市现代信息服务业在不同层的影响作用，如图7-6所示，因此可以在某种程度上反映了其影响力边界。

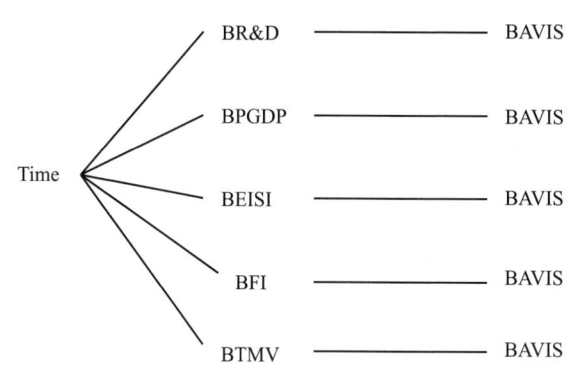

图7-6　北京市现代信息服务业增加值结果树

（3）北京市现代信息服务业演进的系统动力流图。在构建北京市现代信息服务业演进的系统动力学流图时，假定其内部影响因素和外部影响因素是非关联的，即相互独立的。也就是内部影响因素同外部环境因素是相互独立地对北京市现代信息服务业产生作用，同时这些内部影响因素和外部影响因素是不相关的。这样可以更好地研究北京市现代信息服务业中内部影响因素和外部环境不同的动力机制作用。

同时依据数据的可获取性原则以及简化模型的原则，在图7-4北京市现代信息服务业因果关系图的基础上构建了北京市现代信息服务业演进的系统动力学流图，如图7-7所示。北京市现代信息服务业演进的系统动力学流图中的变量会随时间发生变化，所以在模型中必须应用 Time 表示各影响因素之间的变化和相互关系。在北京市现代信息服务业演进的系统动力学流图中把 <Time> 设置为隐藏变量，然后在此基础上建立了北京市现代信息服务业演进的系统流图。依据北京市现代信息服务业演进的系统动力学流图，同时借助状态变量、速率变量、常量、辅助变量的具体经济意义，可以将北京市现代信息服务业演进的具体过程中的各影响因素之间的关系，以及其和外部环境间的关系使用数学公式表示出来，为进一步预测北京市现代信息服务业演进、制定相关产业政策、比较调控方案提供了更加坚实精确的依据。

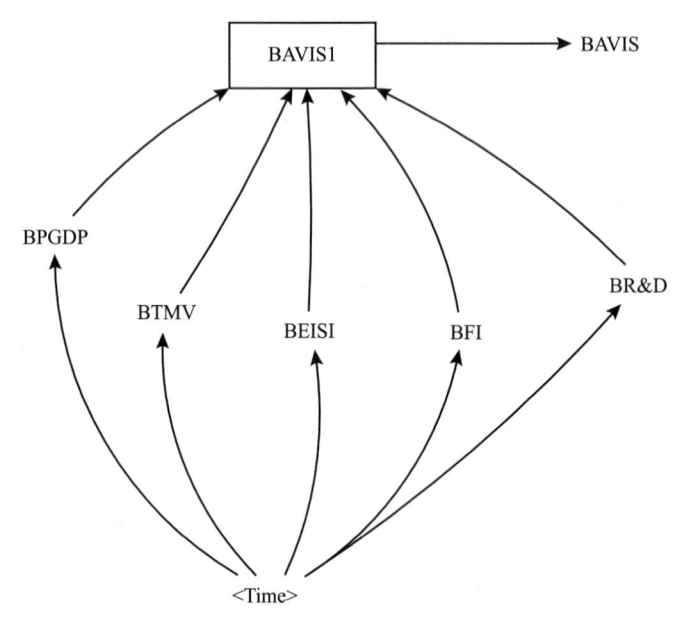

图 7-7 北京市现代信息服务业演进系统动力学流图

（4）系统方程。

①BAVIS = exp(3.295) × exp(BAVIS1)

　Units：亿元

②BAVIS1 = 0.249 × LN(BPGDP) − 0.122 × LN(BTMV) + 0.89 × LN(BEISI) + 0.04 × LN(BFI) + 0.074 × LN("BR&D")

　Units：亿元

③BEISI = WITH LOOKUP (Time, ([(2004, 21.6) − (2010, 58.4)], (2004, 21.6), (2005, 28.2), (2006, 33.4), (2007, 41.8), (2008, 48.8), (2009, 50.6), (2010, 58.4)))

Units：万人

④BFI = WITH LOOKUP（Time，（[（2004，72.74）-（2010，143.31）]，（2004，72.74），（2005，80.29），（2006，75.83），（2007，97.9），（2008，103.02），（2009，140.01），（2010，143.31）））

Units：亿元

⑤BPGDP = WITH LOOKUP（Time，（[（2004，4.09）-（2010，7.59）]，（2004，4.09），（2005，4.6），（2006，5.21），（2007，6.13），（2008，6.68），（2009，7.05），（2010，7.59）））

Units：万元

⑥"BR&D" = WITH LOOKUP（Time，（[（2004，34.86）-（2010，88.03）]，（2004，34.86），（2005，41.75），（2006，47.63），（2007，57.98），（2008，68.21），（2009，78.99），（2010，88.03）））

Units：亿元

⑦BTMV = WITH LOOKUP（Time，（[（2004，319）-（2010，1066.83）]，（2004，319），（2005，377.29），（2006，469.51），（2007，634.92），（2008，753.78），（2009，866.75），（2010，1066.83）））

Units：亿元

⑧FINAL TIME = 2010

Units：Year

The final time for the simulation.

⑨INITIAL TIME = 2004

Units：Year

The initial time for the simulation.

⑩SAVEPER = TIME STEP

Units：Year[0，1]

The frequency with which output is stored.

⑪TIME STEP = 1

Units：Year[0，1]

The time step for the simulation.

7.2.2 北京市现代信息服务业仿真结果及分析

在对北京市现代信息服务业的影响因素和动力因素构建了仿真模型的基础上，现在加入实际统计数据研究北京市现代信息服务业的影响因素和动力因素对北京市现代信息服务业演进的作用机制进行仿真效果检验。

根据建立模型所应用的指标，本书选择 2004~2010 年的北京市现代信息服务业的相关数据指标来进行实证分析。对仿真模型运行中所赋的初始值进行适当调整，来比较其初始值变化对仿真结果的影响。经过对初始值调整后所得到的仿真结果的对比分析，可以发现，变量初始值的变化并不会影响模型的仿真结果，说明仿真模型的运行是稳定的。图 7-8 显示了北京市现代信息服务业增加值的实际数据与仿真数据结果较为接近，说明该模型有很好的仿真结果。

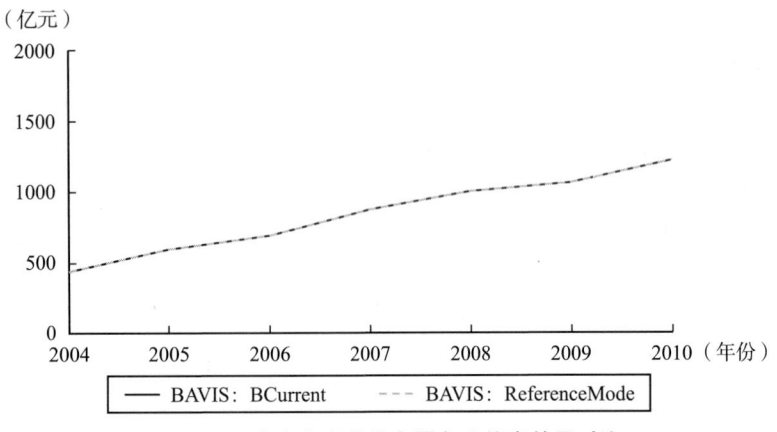

图 7-8 北京市现代信息服务业仿真效果对比

基于图 7-8 的北京市现代信息服务业系统动力学仿真效果对比可以得出，仿真模型模拟北京市现代信息服务业整体演进具有较好的效果，进一步说明北京市现代信息服务业演进的基本规律与仿真模型十分接近，具有现实使用价值。

7.2.3 北京市现代信息服务业不同调控方案仿真结果及分析

（1）仿真方案 1——北京市人均 GDP 对北京市现代信息服务业演进的影响分析。仿真方案 1 的条件是北京市人均 GDP 在原有基础上提高 10%、其他影响因素保持不变的情况下，模拟北京市现代信息服务业的增加值。图 7-9 展示了仿真方案 1 中北京市现代信息服务业的增加值和原始仿真结果的对比情况。其中 BCurrent1 就是北京市现代信息服务业在仿真方案 1 中的结果，可以看出，其值高于原始仿真值，即高于真实统计数据（因为原始仿真值与真实统计数据十分吻合）。

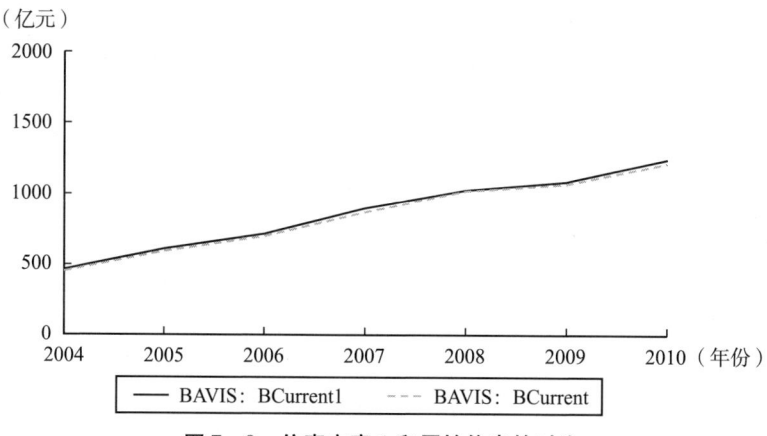

图 7-9 仿真方案 1 和原始仿真的对比

(2) 仿真方案 2——北京市电信主要业务量对北京市现代信息服务业演进的影响分析。仿真方案 2 的条件是北京市电信主要业务量在原有基础上增加 10%、其他影响因素保持不变的情况下,模拟北京市现代信息服务业的增加值。图 7-10 展示了仿真方案 2 中北京市现代信息服务业增加值和原始仿真结果的对比情况。其中 BCurrent2 就是北京市现代信息服务业在仿真方案 2 中的结果,可以看出,其值约等于原始仿真值和真实统计值。

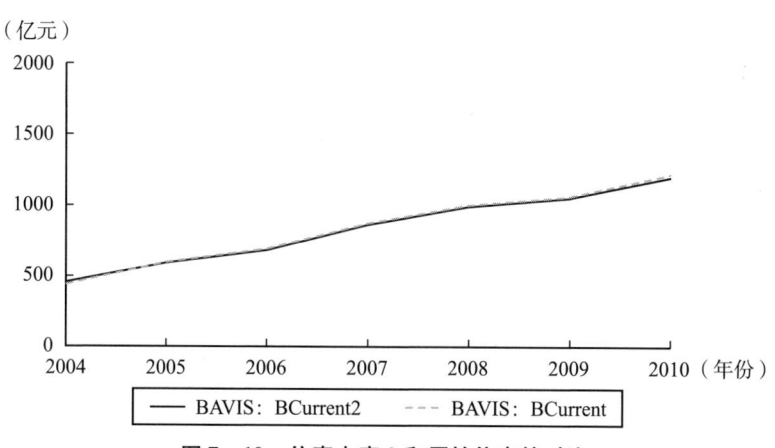

图 7-10 仿真方案 2 和原始仿真的对比

(3) 仿真方案 3——北京市信息服务业从业人数对北京市现代信息服务业演进的影响分析。仿真方案 3 的条件是北京市信息服务业从业人数在原有基础上增加 10%、其他影响因素保持不变的情况下,模拟北京市现代信息服务业的增加值。图7-11展示了仿真方案3中北京市现代信息服务业增加值和原始仿真结果的对比情况。其中BCurrent3就是北京市现代信息服务业在仿真方案3中的结果，可以看出，其值高于原始仿真值和真实统计数据。

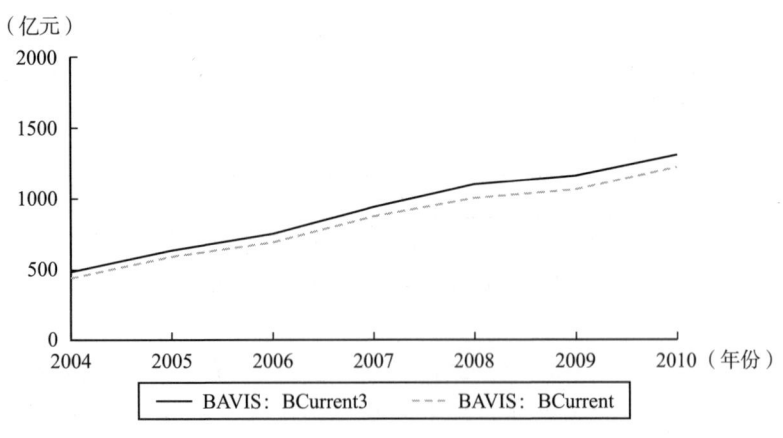

图7-11 仿真方案3和原始仿真的对比

（4）仿真方案4——北京市信息服务业固定资产投资额对北京市现代信息服务业演进的影响分析。仿真方案4的条件是北京市信息服务业固定资产投资额在原有基础上增加10%、其他影响因素保持不变的情况下，模拟北京市现代信息服务业的增加值。图7-12展示了仿真方案4中北京市现代信息服务业增加值和原始仿真结果的对比情况。其中BCurrent4就是现代信息服务业在仿真方案4中的结果，可以看出，其值与原始仿真值和真实统计数据吻合。

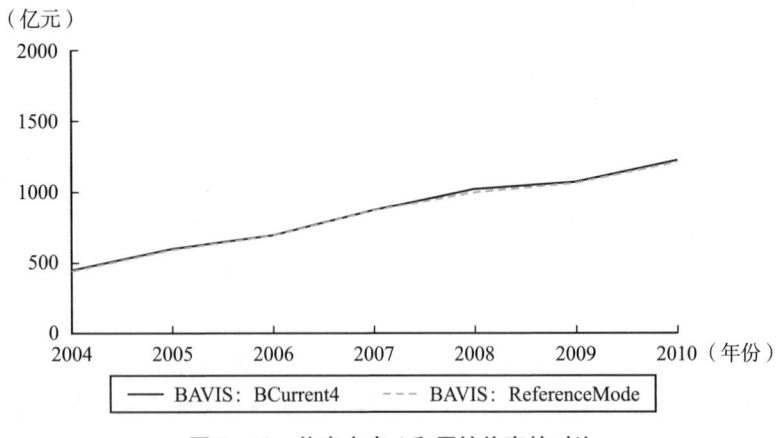

图7-12 仿真方案4和原始仿真的对比

（5）仿真方案5——北京市 R&D 经费对北京市现代信息服务业演进的影响分析。仿真方案5的条件是北京市 R&D 经费在原有基础上增加10%、其他影响因素保持不变的情况下，模拟北京市现代信息服务业的增加值。图7-13展示了仿真方案5中北京市现代信息服务业增加值和原始仿真结果的对比情况。其中BCurrent5就是北京市现代信息服务业在仿真方案5中的结果，可以看出，其值与原始仿真值和真实统计数据很接近。

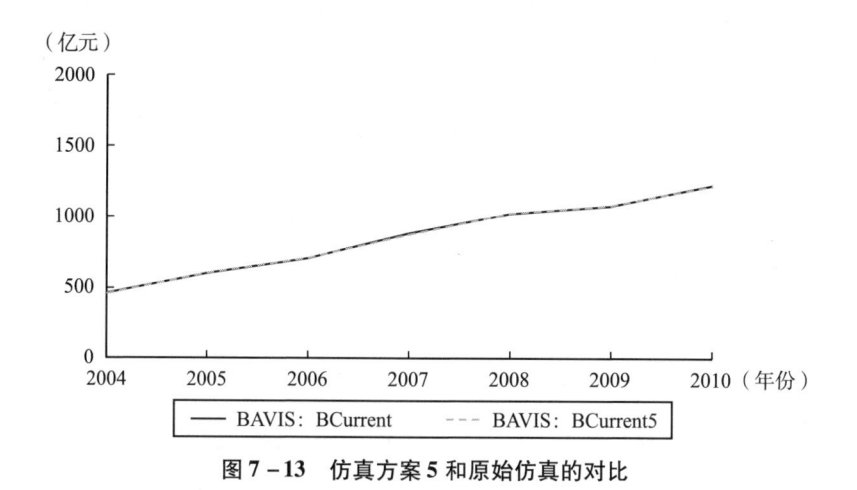

图7-13 仿真方案5和原始仿真的对比

7.3 北京市现代信息服务业演进周期

7.3.1 北京市现代信息服务业整体演进周期

本节在研究了北京市现代信息服务业发展的影响因素的基础上，进一步研究了北京市现代信息服务业的演进模型、演进过程，并对北京市三个子产业——北京市信息传输业、北京市信息技术服务业和北京市信息内容服务业的演进进行子产业实证对比分析。由于北京市现代信息服务业具有自组织的产业特性，因此，在研究其演进模型、演进过程时，也是基于自组织的理论和特征。

在6.1节的研究基础上，依据逻辑斯谛模型设置变量和选取样本数据，对北京市现代信息服务业在2004~2010年的增加值数据进行参数估计。假定北京市现代信息服务业的产值为X，则依据模型（6-3）可知：

$$X = \frac{M}{1 + c\exp(-\beta Mt)} \rightarrow X = \frac{M}{1 + \left(\frac{M}{N} - 1\right)e^{-\beta Mt}}$$

为方便计算，假设变量 $\rho = \beta M$，则可以将上面的公式简化为：

$$x = \frac{M}{1 + \left(\frac{M}{N} - 1\right)e^{-\rho t}} \qquad (7-1)$$

接着可估计模型（7-1）中的参数 ρ 和 M，最后计算出参数 β 的估计值。

选取 2004~2010 年北京市现代信息服务业的增加值对北京市现代信息服务业演进的逻辑斯谛模型进行参数估计。本书使用 EViews 6.0 软件对参数 β 和 M 进行估计，结果如表 7-1 所示。

表 7-1　北京市现代信息服务业演进的逻辑斯谛模型参数估计结果

参数	估计值	标准差	t 检验值	Prob	R^2	Adjusted R^2
M	5686.385	1456.396	3.781064	0.0296	0.992784	0.981659
ρ	0.126937	0.001018	13.89635	0.0000		
β	0.00002232					

表 7-1 中 t 检验值显著，且 $R^2 = 0.992784$，表示拟合度好。依据表 7-1 中的参数结果绘制北京市现代信息服务业演进的拟合曲线，如图 7-14 所示。北京市现代信息服务业演进的拟合曲线也证明了逻辑斯谛方程模型能够用于解释北京市现代信息服务业的动态发展过程和发展趋势。

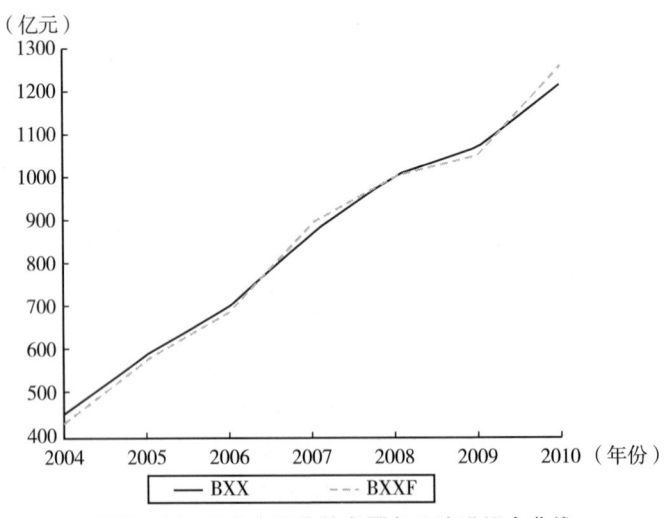

图 7-14　北京市现代信息服务业演进拟合曲线

根据表 7-1 可知，M = 5686.385，解得：

$\dfrac{M}{3+\sqrt{3}} = 1201.53$；$\dfrac{M}{2} = 2843.19$；$\dfrac{M}{3-\sqrt{3}} = 4484.85$

依据 6.1.3 节中有关产业演进阶段的分析和推导则可知，北京市现代信息服务业演进阶段孕育期增加值的最大值为 1201.53 亿元，根据《北京市统计年鉴 (2011)》中北京现代信息服务业的增加值统计，可知 2010 年北京市现代信息服务业的增加值达到 1214.00 亿元，已经超越第一阶段（孕育期）北京市现代信息服务业发展增加值的最大值，所以可以判断出北京市现代信息服务业处于第二阶段（成长期）。这一时期北京市现代信息服务业的成长速度仍然为正值，北京市现代信息服务业继续保持增加值不断增加的趋势，但是北京市现代信息服务业成长速度的加速度为负值，成长速度的加速度开始下降，北京市现代信息服务业的增加值增长趋势呈现出线性增长的特征，这种情况表明，北京市现代信息服务业发展在初步形成后步入了新的发展阶段。

7.3.2 北京市现代信息服务业分支产业的演进周期

本节选取了北京市信息传输服务业、北京市信息技术服务业、北京市信息内容服务业这 3 个北京市现代信息服务业的分支产业进行对比分析。这 3 个北京市现代信息服务业中的分支产业数据比较容易获取，且是北京市大力发展和扶持的产业。深度对比分析这 3 个北京市现代信息服务业的分支产业有助于北京市制定相应的产业战略和产业政策。

北京市信息传输服务业、北京市信息技术服务业、北京市信息内容服务业这 3 个北京市现代信息服务业的分支产业的状态变量 X 的样本值为产业增加值，数据期间为 2004～2010 年，共 7 年的数据。本研究的数据来源于历年的《中国统计年鉴》《中国第三产业统计年鉴》《北京统计年鉴》。

表 7-2 为北京市现代信息服务业中子产业的产值。

表 7-2　　　　　　北京市现代信息服务业中子产业的产值　　　　　　单位：亿元

年份	信息传输服务业	信息技术服务业	信息内容服务业
2004	258.7	163.9	138.6
2005	355.6	231.0	182.1
2006	381.7	314.7	219.7
2007	462.8	407.8	263.6
2008	382.6	616.5	313.0
2009	445.6	620.8	327.2
2010	480.0	743.1	401.8

(1) 估计结果。第一,北京市信息传输服务业的估计结果如表7-3所示。

表7-3　北京市信息传输服务业演进的逻辑斯谛模型参数估计结果

参数	估计值	标准差	t检验值	Prob	R^2	Adjusted R^2
M	936.5942	289.7451	3.691584	0.0102	0.9678657	0.9523741
ρ	0.042369	0.002159	6.698127	0.0000		
β	0.00004524					

表7-3中t检验值显著,且$R^2=0.9678657$,表示拟合度好。依据表7-3中的参数结果绘制北京市信息传输服务业演进的拟合曲线,如图7-15所示。北京市信息传输服务业演进的拟合曲线也证明了逻辑斯谛方程模型能够用于解释北京市信息传输服务业的动态发展过程和发展趋势。

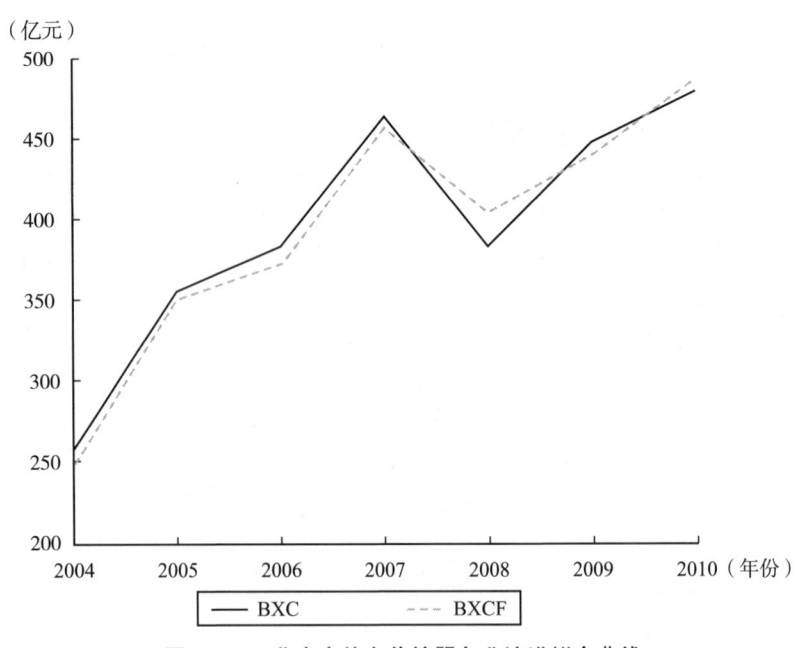

图7-15　北京市信息传输服务业演进拟合曲线

第二,北京市信息技术服务业的估计结果如表7-4所示。

表7-4　　　北京市信息技术服务业演进的逻辑斯谛模型参数估计结果

参数	估计值	标准差	t检验值	Prob	R^2	Adjusted R^2
M	2816.879	1295.693	2.36428	0.0442	0.989645	0.979446
ρ	0.079116	0.001906	5.47827	0.0000		
β	0.00002385					

表7-4中t检验值显著,且$R^2=0.989645$,表示拟合度好。依据表7-4中的参数结果绘制北京市信息技术服务业演进的拟合曲线,如图7-16所示。北京市信息技术服务业的拟合曲线也证明了逻辑斯谛方程模型能够用于解释北京市信息技术服务业的动态发展过程和发展趋势。

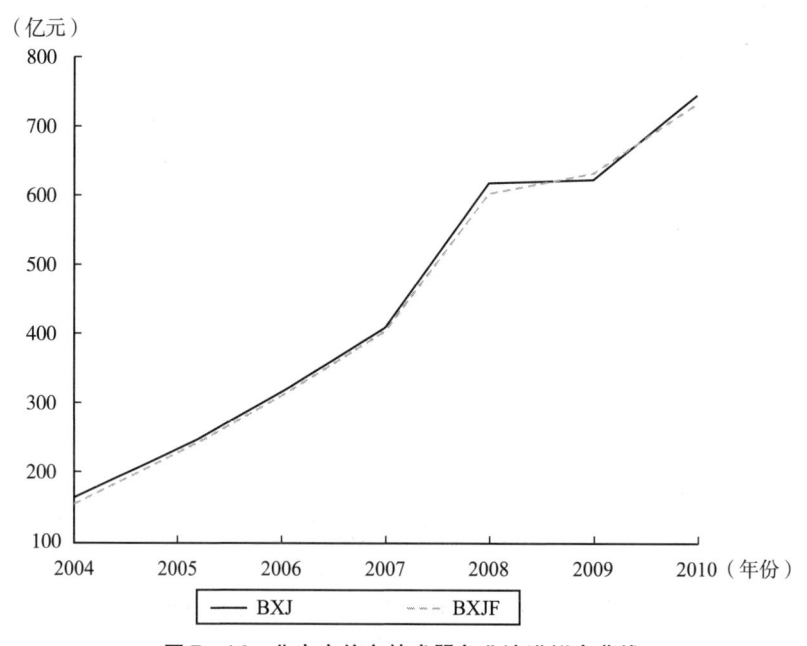

图7-16　北京市信息技术服务业演进拟合曲线

第三,北京市信息内容服务业的估计结果如表7-5所示。

表7-5　　　北京市信息内容服务业的逻辑斯谛模型参数估计结果

参数	估计值	标准差	t检验值	Prob	R^2	Adjusted R^2
M	1932.982	1069.402	2.371162	0.0466	0.9791128	0.9704591

续表

参数	估计值	标准差	t检验值	Prob	R^2	Adjusted R^2
ρ	0.054998	0.001109	12.59938	0.0000		
β	0.00002845					

表 7-5 中 t 检验值显著，且 $R^2 = 0.9791128$，表示拟合度好。依据表 7-5 中的参数结果绘制北京市信息内容服务业演进的拟合曲线，如图 7-17 所示。北京市信息内容服务业演进的拟合曲线也证明了逻辑斯谛方程模型能够用于解释北京市信息内容服务业的动态发展过程和发展趋势。

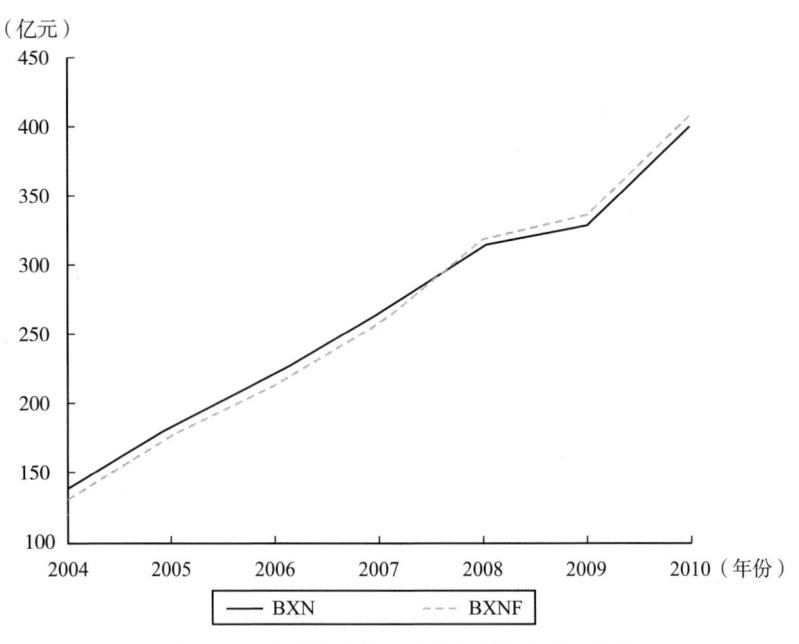

图 7-17 北京市信息内容服务业演进拟合曲线

(2) 演进阶段分析。第一，北京市信息传输服务业的演进阶段分析。

根据表 7-3 可知，M = 936.5942，解得：

$$\frac{M}{3+\sqrt{3}} = 197.90 ; \quad \frac{M}{2} = 468.30 ; \quad \frac{M}{3-\sqrt{3}} = 738.69$$

同理，依据 6.1.3 节中有关产业演进阶段的分析和推导则可知，北京市信息传输服务业演进阶段成长期增加值的最大值为 486.30 亿元，根据《北京市统计年鉴（2011）》中北京市信息传输服务业的增加值统计，可知 2010 年北京市信息传输服务业的增加值为480.0亿元，已经超过第二阶段（成长期）产业发展的增加值最大值。所以可以判断出，北京市信息传输服务业现在处于成熟期的阶段。这一时期的北京市信息传输服务业的增加值增长速度与成长加速度都是负值，表现出逐渐降低的趋势，此时北京市信息传输服务业基本呈现线性增长趋势且产业增长动力已经明显减弱。成熟期的北京市信息传输服务业已经非常成熟，市场规模也很稳定，服务产品种类丰富。

第二，北京市信息技术服务业的演进阶段分析。根据表7-4可知，M = 2816.879，解得：

$$\frac{M}{3+\sqrt{3}} = 595.21; \quad \frac{M}{2} = 1408.44; \quad \frac{M}{3-\sqrt{3}} = 2221.67$$

同理，依据6.1.3节中有关产业演进阶段的分析和推导则可知，北京市信息技术服务业演进阶段孕育期增加值的最大值为595.21亿元，根据《北京市统计年鉴（2011）》中北京市信息技术服务业的增加值统计，可知2010年北京市信息技术服务业的增加值达到743.1亿元，已经超越第一阶段（孕育期）产业发展增加值的最大值。所以可以判断出，北京市信息技术服务业处于第二阶段（成长期）。这一时期北京市信息技术服务业的成长速度仍然为正值，北京市信息技术服务业继续保持增加值不断增加的趋势，但是北京市信息技术服务业成长速度的加速度为负值，成长速度的加速度开始下降，北京市信息技术服务业的增加值增长趋势呈现出线性增长的特征，这种情况表明，北京市信息技术服务业发展在初步形成后步入了新的发展阶段。

第三，北京市信息内容服务业的演进阶段分析。根据表7-5可知，M = 1932.982，解得：

$$\frac{M}{3+\sqrt{3}} = 408.44; \quad \frac{M}{2} = 966.49; \quad \frac{M}{3-\sqrt{3}} = 1524.54$$

同理，依据6.1.3节中有关产业演进阶段的分析和推导则可知，北京市信息内容服务业演进阶段孕育期增加值的最大值为408.44亿元，根据《北京市统计年鉴（2011）》中北京市信息内容服务业的增加值统计，可知2010年北京市信息内容服务业的增加值为401.8亿元，还没有超过第一阶段（孕育期）产业发展的增加值最大值。所以可以判断出，北京市信息内容服务业现在处于孕育期的阶段，没有达到北京市信息内容服务业飞速发展的成长期。总体来说，从2004~2010年北京市信息内容服务业增加值的变化趋势还相对平稳，这也证明了北京市信息内容服务业还处于不断增长的阶段，北京市信息内容服务业成长速度不高，还未达到增加值快速增加的阶段，北京市信息内容服务业具有不断发展的动力和增长空间。

以上的北京市现代信息服务业分支产业的演进分析结果，与其实际发展情况也很相似。在这3个产业中，北京市信息技术服务业目前正处于快速成长期；而北京市信息传输服务业已经进入了成熟期，必须依靠服务模式或商业模式创新才能获得新的发展机遇；北京市信息内容服务业目前处于孕育期，还有较大的发展空间和动力。

本节通过实证分析进一步说明，北京市现代信息服务业分支产业演进的过程遵循逻辑斯谛方程曲线。

7.4 本章小结

本章以北京市为例，进行了现代信息服务业演进的典型区域分析。通过对北京市现代信息服务业演进机理的实证分析，证明了现代信息服务业演进机理理论、演进周期分析的正确性。

首先，分析了北京市现代信息服务业的产业规模、产业结构、创新能力、产业集聚等几方面。

其次，依据系统动力学的理论和建模过程，构建了北京市现代信息服务业演进的系统动力学流图、系统动力学方程，并且给出了影响北京市现代信息服务业演进的因素参数值。通过运行仿真模型并分析北京市现代信息服务业模型的仿真结果，可以发现，本书建立的北京市现代信息服务业演进仿真模型能够较为真实地模拟出北京市现代信息服务业的实际发展趋势，具有较好的仿真效果，能够模拟出北京市现代信息服务业的演进趋势，其结果与原始数据十分吻合，说明该模型具有可靠性。同时模拟了五种北京市现代信息服务业的调控方案，并分析了五种调控方案的仿真结果。

最后，重点采用自组织理论中的逻辑斯谛方程模型，研究了北京市现代信息服务业演进周期，依据逻辑斯谛的基本理论，使用EViews 6.0软件进行运算和参数估计，获得了近7年来北京市现代信息服务业的演进和变化趋势。判断出北京市现代信息服务业处于第二阶段（成长期）。这一时期北京市现代信息服务业的成长速度仍然为正值，北京市现代信息服务业继续保持增加值不断增加的趋势，但是该产业的成长速度的加速度为负值，也就是成长速度的加速度开始下降，北京市现代信息服务业的增加值增长趋势呈现出线性增长的特征，这种情况表明，北京市现代信息服务业发展在初步形成后步入了新的发展阶段。接着判断出了北京市信息服务业3个分支产业所处的产业成长阶段：北京市信息传输服务业处于第三阶段（成熟期）；北京市信息技术服务业处于第二阶段（成长期）；北京市信息内容服务业处于第一阶段（孕育期）。

第 8 章

结论与展望

8.1 主要研究结论

从我国现代信息服务业的发展现状来看，我国信息服务业在国民经济中所占比重较低，2004~2011 年只有 2.5%，而西方发达国家的信息服务业产值占 GDP 的比重超过 3%，其中美国信息服务业产值占 GDP 的比重已高达 6%。[8]我国现代信息服务业的地位还较弱，还没有成为国民经济中的支柱性的先导产业。同时我国现代信息服务业演进过程中的产业结构还不是很合理，在美国等西方发达国家现代信息服务业中占主体地位的是信息处理服务业和信息分析与咨询业，尤其是信息分析与咨询业在我国现代信息服务业中所占的比重还很低，不利于我国现代信息服务业产业结构的高端化发展。

本书将演化经济学、产业经济学、自组织理论、系统动力学理论相结合，作为研究的理论基础，将现代信息服务业演进作为一个复杂的动态发展过程，对其内在演进机理进行理论分析和实证研究，主要内容包括以下几个方面：现代信息服务业的影响因素分析；现代信息服务业演进动力机制和动力方程；现代信息服务业演进的系统动力学分析；北京市现代信息服务业演进机理的实证分析。在整个研究过程中注意把握研究对象的整体性、关联性、复杂性、动态性、时序性等基本特征。研究现代信息服务业演进的任务，不仅是研究其演进特点和规律，更关键的是调整现代信息服务业结构、调控其影响因素间的关系，使现代信息服务业演进过程达到最优。

本书主要的研究结论有以下几方面。

（1）分析了现代信息服务业发展的主要影响因素，定性研究了这些主要影响因素对我国现代信息服务业增加值的影响，以此揭示这些主要影响因素对我国现代信息服务业的作用。

(2) 研究了现代信息服务业自组织演进的条件、内生动力和外生动力,从外生动力来看,现代信息服务业主要受到技术创新、市场需求、产业政策、基础设施和社会分工等因素的作用,这些因素进一步通过和外部环境与其他因素产生、协同构建了现代信息服务业演进的外生动力机制。从内生动力因素来看,竞争和协作是现代信息服务业演进中的内生动力机制,是提升现代信息服务业演进的有效动力,从这两个内生动力因素在现代信息服务业中的影响机制的地位来看,因为现代信息服务业三个分支产业间存在很大的差异性,所以在现代信息服务业演进中起关键推动作用的是三个分支产业间的协作机制。然后运用自组织理论中的哈肯模型构建现代信息服务业系统演进的动力方程,分析表明劳动生产率(包括技术创新程度和技术水平)是现代信息服务业演进的序参量,确定了现代信息服务业演进的方向,控制参量(本书中是 γ_1、γ_2、α、β)也能揭示现代信息服务业演进过程中外围因素对其的作用程度和影响。

(3) 使用系统动力学对现代信息服务业演进趋势进行研究,分析了现代信息服务业演进的因果关系图,揭示了人均 GDP、电信主要业务量、信息服务业从业人数、信息服务业固定资产投资额、R&D 经费五个影响因素在现代信息服务业中的作用机理。建立了现代信息服务业演进的系统动力学流图、系统动力学方程。使用 Vensim 软件运行仿真模型,并分析现代信息服务业模型的仿真结果,可以发现,本书建立的现代信息服务业演进仿真模型能够较为真实地模拟出现代信息服务业的实际发展趋势,具有较好的仿真效果,能够较好地用于模拟现代信息服务业的演进趋势。在此基础上,给出了针对现代信息服务业影响因素的五种具体调控方案,并分析了五种调控方案的仿真结果,发现人均 GDP 和 R&D 经费的影响大于其他因素对现代信息服务业的影响。

(4) 应用自组织理论研究了我国现代信息服务业的整体演进过程,定量证明了现代信息服务业演进过程与逻辑斯谛方程的特征相符。现代信息服务业当前还处于孕育期的阶段,没有达到现代信息服务业飞速发展的成长期。总体来说,2004～2010 年,我国现代信息服务业产值的变化趋势还相对平稳,这也证明了现代信息服务业还处于缓慢增长的阶段,产业成长速度不高,还未达到产值快速增加的阶段,产业具有不断发展的动力和增长空间。虽然我国现代信息服务业的产值没有达到孕育期的最大值,但是已经十分接近孕育期的最大值,说明也许在近两年内我国现代信息服务业就会进入快速发展的成长期,其产业主导作用将会得到巩固。通过进一步定性研究可以发现,现代信息服务业演进中表现出了混沌现象,也就是其演进过程是一种自组织有序的演进过程。

(5) 以北京市为例进行了现代信息服务业演进的典型区域分析。在分析了北京市现代信息服务业的产业规模、产业结构、创新能力、产业集聚等方面的基础上。依据系统动力学的理论和建模方法构建北京市现代信息服务业演进仿真模型，通过运行仿真模型，可以发现，本书建立的北京市现代信息服务业演进仿真模型能够较为真实地模拟出北京市现代信息服务业实际发展趋势，具有较好的仿真效果。同时针对北京市现代信息服务业影响因素的五种具体调控方案，并分析了五种调控方案的仿真结果，发现北京市信息服务业从业人数影响大于其他因素对北京市现代信息服务业的影响。最后采用自组织理论中的逻辑斯谛方程模型，研究了北京市现代信息服务业的演进过程，依据逻辑斯谛的基本理论，使用EViews 6.0 软件进行运算和参数估计，判断出北京市现代信息服务业处于第二阶段（成长期）。这一时期北京市现代信息服务业的成长速度仍然为正值，北京市现代信息服务业继续保持增加值不断增加的趋势，但是北京市现代信息服务业成长速度的加速度为负值，成长速度的加速度开始下降，北京市现代信息服务业的增加值增长趋势呈现出线性增长的特征，这种情况表明，北京市现代信息服务业发展在初步形成后步入了新的发展阶段。接着判断出了北京市信息服务业三个分支产业所处的产业成长阶段。

8.2 研究的限制

本书研究的限制具体包括以下三个方面。

（1）现代信息服务业演进具有"互为因果关系""多层级和嵌入性""复杂系统""正反馈效应"和"路径依赖"等特征。这些复杂性的特征本身就彰显了现代信息服务业的研究难度。

（2）现代信息服务业是一个巨大的产业群，内涵丰富，同时，伴随着信息技术的快速发展和政策的变化，现代信息服务业本身又处在不停地发展、分化、整合中，全面把握现代信息服务业的总体态势，分析总结其演进机理，存在较大的难度。

（3）由于我国之前对信息服务业的数据统计不完整，所以在通过定量方法揭示现代信息服务业的演进方面也存在限制。

8.3 未来研究展望

现代信息服务业是"绿色产业"，是伴随着全球范围内基于信息产业和信息技术的革命而发展起来的，具有知识、智力、技术密集以及效益高、增长快、渗透性强的特性。从全世界来看，现代信息服务业在发达国家国民经济中占比越来越大，已经远远超过了信息产品制造业，逐步成为推动经济增长的关键动力，因此，也创造了良好的社会效益和丰厚的经济效益。"十二五"时期，伴随信息通信技术的迅速发展和应用的不断深化，软件与网络深度耦合，软件与硬件、应用和服务紧密融合，信息服务业加快向体系化、服务化、网络化和融合化方向演进。通过本书对现代信息服务业的影响因素，以及现代信息服务业演进模型和动力机制的分析还不能全面、系统地给出该产业的研究结果。在本书的研究和撰写的整个过程中，作者十分深刻地感知到现代信息服务业在我国国民经济发展中的重要作用，以及研究过程中的繁杂性和动态性。尽管本书取得了一些研究成果，同时对现代信息服务业的演进也有了比较全面具体的理解，对我国制定现代信息服务业产业政策有借鉴和指导意义，但由于现代信息服务业本身的复杂性，本书仍有不足之处，这也为进一步的研究指明了方向。

（1）对影响现代信息服务业发展的影响因素的深入分析。现代信息服务业同经济、社会、其他产业间有着复杂的相关性，与物质资源投入、环境和市场等方面有着各种各样的联系。本书仅就产业增加值层面，着重于宏观层面对现代信息服务业影响因素的分析，对现代信息服务业中观层面或者微观层面的影响因素没有探究，对这一方面的分析不够全面。在将来的研究中，会对现代信息服务业的中观层面或者微观层面的影响因素进行深度探究，同时分析现代信息服务业与信息产品制造业在内的产业间的关系，用全面动态的视角来研究现代信息服务业的影响因素。

（2）在自组织理论视角下研究现代信息服务业演进，虽然本书对现代信息服务业从自组织理论的视角进行了分析，但是还是初级地分析和应用，还需要深入、多角度的分析。例如基于自组织理论中产业微涨落与巨涨落的观点，来研究现代信息服务业从一个稳定状态演进到另一个稳定状态的过程；分析现代信息服务业演进的混沌现象时，借助实际统计数据具体分析现代信息服务业演进的分岔特征和周期。

（3）基于共生理论分析信息产品制造业与现代信息服务业的关系。将共生理论应用到现代信息服务业分支产业演进中，构建了现代信息服务业分支产业部门的演进模型，使用统计数据具体分析分支产业演进的动力和演进阶段，以及现代信息服务业演进过程中分支产业的共同演进对其起到的影响作用。同时从理论和模型等多个视角研究现代信息服务业与信息设备制造业间的共生关系，借助共生模型实证分析我国现代信息服务业与信息产品制造业间整体的相互影响和作用。

（4）进行现代信息服务业典型区域演进机理对比分析。可以对比分析北京市、上海市、大连市等几个典型区域现代信息服务业的演进，充实实证研究的范围和普适性。

（5）因为现代信息服务业的发展时间和可使用的统计数据时间维度较短，同时现代信息服务业缺乏细分行业数据，因此在研究其产业融合、产业衰退方式，及通过创新产生新产业等方面无法用定量的方法进行科学研究，所以这些方面也是未来可以继续探索的有研究价值的问题。

（6）可基于系统动力学仿真模型对现代信息服务业的政策和策略进行更具体的有针对性的研究。本书仅给出了五种调控仿真方案，但是没有基于仿真方案提出现代信息服务业发展的策略，没有有效发挥系统动力学模型政策实验室的作用。

（7）现代信息服务业创新研究。现代信息服务业创新是将来研究的一个重点和热点，本书作者时间仓促，精力有限，所以没有深入研究信息服务业的政策创新、信息服务业管理创新等问题，希望今后能有机会深入具体地研究该问题。

现代信息服务业是一个动态复杂的系统，如果只是信息服务业工作者在研究该产业是不能解决问题的，因此要借助各个学科的优秀人才进行大量研究，同时不断完善产业数据，才能推动信息服务业不断壮大。

参 考 文 献

[1] 工业和信息化部：《软件和信息技术服务业"十二五"发展规划》，北京工业和信息化部报告，2011年12月。

[2] 于新东、牛少凤、于洋：《培育发展战略性新兴产业的背景分析、国际比较与对策研究》，载《经济研究参考》2011年第12期。

[3] 谢新洲、张广钦：《我国新兴信息服务业的现状、问题及发展对策》，载《北京大学学报》（哲学社会科学版）1996年第6期。

[4] 蒋国庆：《我国信息服务产业的市场开放及发展对策》，载《四川大学学报》（哲学社会科学版）2000年第2期。

[5] 王园春：《我国信息服务业的现状分析及展望》，载《情报科学》2002年第1期。

[6] 廖金翠、郭玖玉：《我国信息服务业现状及其发展思路》，载《图书馆》2004年第4期。

[7] 徐丽梅：《我国信息服务业的发展趋势与对策研究》，载《情报理论与实践》2008年第5期。

[8] 周应萍：《加快发展现代信息服务业的对策研究》，载《科技管理研究》2010年第18期。

[9] 丁玲华：《我国信息服务业发展现状及对策研究》，载《当代经济管理》2011年第11期。

[10] 周应萍：《陕西省信息服务业发展对策研究》，载《情报杂志》2005年第12期。

[11] 郑艳玲、石宝军、高建山：《河北省信息服务业现状分析研究》，载《情报杂志》2007年第11期。

[12] 马淑萍：《宁夏信息服务业现状及发展对策研究》，载《图书馆理论与实践》2009年第10期。

[13] 许晶晶：《上海市信息服务业的现状和发展策略研究》，上海师范大学学位论文，2011年。

[14] 杨超、高永祥、曹顺良、王建会：《上海市信息服务业发展现状与对

策研究》，载《情报理论与实践》2011年第10期。

［15］李辉、王彦峰、袁汝兵：《基于SWOT分析的北京市信息服务业发展对策研究》，载《情报理论与实践》2010年第6期。

［16］夏琼：《中部地区现代信息服务业绩效评价及对策研究》，南昌大学学位论文，2010年。

［17］王平军：《西部地区现代信息服务业发展的对策研究》，载《情报杂志》2007年第10期。

［18］任道忠、张玉赋、孙斌：《现代信息服务业的国内外比较和发展对策研究》，载《情报理论与实践》2006年第1期。

［19］杨含斐、刘昆雄：《日本信息服务业发展现状及建设经验评价》，载《情报杂志》2008年第10期。

［20］哈进兵、陈双康：《构建现代信息服务业发展水平指标体系》，载《图书馆理论与实践》2007年第1期。

［21］胡昌平、赵杨：《创新型国家建设中的信息服务业投入产出实证研究》，载《图书情报工作》2008年第1期。

［22］陶思远：《辽宁省现代信息服务业发展水平评估研究》，东北财经大学硕士学位论文，2010年。

［23］张茜：《北京市信息服务业发展水平评价研究》，北京邮电大学硕士学位论文，2011年。

［24］何绍华：《信息服务业的供应链管理模式探讨》，载《情报学报》2001年第5期。

［25］李国强：《信息服务业先进运作方式与管理模式——敏捷信息服务及信息服务业的重构》，载《情报杂志》2003年第12期。

［26］郭秦茂、白红武：《西部地区现代信息服务业制约因素与发展模式探析》，载《情报杂志》2007年第9期。

［27］冯梅、陈志楣：《北京信息服务业发展问题研究》，经济科学出版社2007年版。

［28］陈建龙、王建冬：《我国地方政府信息服务业发展模式和热点领域分析》，载《图书情报工作》2009年第24期。

［29］赵弘、汪江龙：《比较视角下的北京信息服务业竞争力分析》，载《中国科技论坛》2009年第7期。

［30］石宝军、郑艳玲、高建山、李雪征、王振宇：《河北省信息服务产业竞争力影响因素研究》，载《图书情报工作》2009年第18期。

［31］石宝军、郑艳玲、高建山、李雪征：《河北省信息服务业产业竞争力

关键影响因素及提升策略研究》，载《图书情报工作》2010年第20期。

［32］石宝军、郑艳玲、高建山、李雪征：《河北省信息服务产业竞争力成长性分析》，载《图书情报工作》2011年第2期。

［33］王天耀：《天津信息服务业竞争力评价与预测研究》，天津理工大学硕士学位论文，2009年。

［34］王龙：《广州信息服务业集群竞争力研究》，广东商学院硕士学位论文，2010年。

［35］宋静、曹顺良、雷向欣、王建会：《上海市信息服务业区域竞争力定量分析》，载《情报杂志》2011年第9期。

［36］赵枫：《软件和信息服务业竞争力评价指标体系研究》，东北财经大学博士学位论文，2010年。

［37］袁丁：《信息服务业对湖南经济增长的作用研究》，长沙理工大学硕士学位论文，2009年。

［38］凌美秀：《产业链视角下国内信息服务业的发展定位研究》，载《图书情报知识》2005年第2期。

［39］万建军：《我国信息服务产业链的构建研究》，湘潭大学硕士学位论文，2007年。

［40］陈能华、张轲：《我国信息服务产业链的构建策略研究》，载《图书馆论坛》2010年第6期。

［41］曹顺良、刘杰、李宁、张爱清、王建会：《上海市信息服务业产业集群分析》，载《软科学》2008年第11期。

［42］王颖：《虚拟信息服务业集群研究》，华中师范大学硕士学位论文，2009年。

［43］陈晓涛：《产业演进论》，四川大学博士学位论文，2007年。

［44］傅沂：《产业变迁中的路径依赖研究——一个演化经济学分析框架的构建及其在中国的应用》，暨南大学博士学位论文，2006年。

［45］刘珂：《产业集群升级的机理及路径研究》，天津大学博士学位论文，2007年。

［46］周建安：《我国产业结构演进的生态发展路径选择》，暨南大学博士学位论文，2007年。

［47］刘玥：《产业联动网络演化模型与联动路径研究》，中国矿业大学博士学位论文，2008年。

［48］符福峘：《创新——推动21世纪信息服务业发展的不竭动力》，载《情报理论与实践》2002年第1期。

[49] 陆国庆：《论产业演进的系统动力机理——兼论产业衰退的原因》，载《江汉论坛》2002年第4期。

[50] 向吉英：《产业成长的动力机制与产业成长模式》，载《学术论坛》2005年第7期。

[51] 侯志茹：《东北地区产业集群发展动力机制研究》，东北师范大学博士学位论文，2007年。

[52] 江霈：《中国区域产业转移动力机制及影响因素分析》，南开大学博士学位论文，2009年。

[53] 张会新：《我国资源型产业集群的动力机制研究》，西北大学博士学位论文，2009年。

[54] 朱发仓：《浙江流通产业演进动力研究》，载《统计研究》2009年第11期。

[55] 李明惠、雷良海、孙爱香：《产业集群技术创新的动力机制研究》，载《科技进步与对策》2010年第14期。

[56] 马春野：《基于协同动力机制理论的中国旅游产业发展模式研究》，哈尔滨工业大学学位论文，2011年。

[57] 王欣：《信息产业发展机理及测度理论与方法研究》，吉林大学博士学位论文，2008年。

[58] 段伟花：《企业信息技术外包关系及其演化机理研究》，吉林大学博士学位论文，2011年。

[59] 桂学文：《现代信息技术对信息服务业结构的影响》，载《华中师范大学学报》（人文社会科学版）1998年第6期。

[60] 杨艺：《美国信息服务业的发展及对我国的启示》，载《情报科学》2006年第10期。

[61] 总务省统计局：《日本标准产业分类》，总务省统计局网，2008年2月20日。

[62] 杜小明、谭兵、黄志民：《我国信息产业发展影响因素研究》，载《科技管理研究》2010年第19期。

[63] 穆东：《供应链系统的复杂性与评价方法研究》，清华大学出版社2010年版。

[64] 杨水旸：《自然辩证法概论》，国防工业出版社2009年版。

[65] 陈银法、叶金国：《产业系统演化与主导产业的产生、发展——基于自组织理论的阐释》，载《河北经贸大学学报》2003年第2期。

[66] 夏锦文：《平衡与不平衡视角下的产业发展研究》，安徽大学出版社

2008年版。

[67] H. 哈肯，张纪岳、郭治安译：《协同学导论》，西北大学科研处1981年版。

[68] 杨东奇：《高新技术企业自主创新环境研究——以黑龙江省为实证对象》，科学出版社2009年版。

[69] 杨通谊：《系统学原理》，上海工业大学出版社1993年版。

[70] 王其藩：《高级系统动力学》，清华大学出版社2005年版。

[71] 林文浩：《系统动力学模型关键参数的遗传算法估计》，载《福建农林大学学报》（自然科学版）2002年第3期。

[72] 胡实秋、宋化民、成金华：《高技术产业发展的系统动力学研究》，载《科技进步与对策》2001年第12期。

[73] 邓永翔：《基于系统动力学的江西电子信息产业发展模式研究》，南昌大学博士学位论文，2008年。

[74] 杨头平：《企业物流系统成本分析与控制优化研究》，华中科技大学博士学位论文，2008年。

[75] 吴传荣：《高技术企业技术创新网络中知识转移研究》，湖南大学博士学位论文，2009年。

[76] 胡武婕：《中国信息通信产业技术标准竞争与策略研究》，北京邮电大学博士学位论文，2010年。

[77] 张纪海：《国民经济动员系统建模与仿真研究》，北京理工大学出版社2008年版。

[78] 夏青：《现代服务业演化机制与效应研究》，中国矿业大学博士学位论文，2010年。

[79] 郭莉、苏敬勤、徐大伟：《基于哈肯模型的产业生态系统演化机制研究》，载《中国软科学》2005年第11期。

[80] 赵玉林、魏芳：《基于哈肯模型的高技术产业化过程机制研究》，载《科技进步与对策》2007年第4期。

[81] 熊斌、葛玉辉：《基于哈肯模型的科技创新团队系统演化机制研究》，载《科技与管理》2011年第4期。

[82] 朱永达、张涛、李炳军：《区域产业系统的演化机制和优化控制》，载《管理科学学报》2001年第3期。

[83] 叶金国、李双成：《技术创新条件下产业系统演化的过程》，载《中国地质大学学报》（社会科学版）2004年第6期。

[84] 叶金国、赵慧英、李双成：《产业系统的演化模型与实证分析》，载

《河北经贸大学学报》2004年第5期。

[85] 伍德里奇. J. M., 费剑平译:《计量经济学导论》, 中国人民大学出版社2007年版。

[86] 吕永卫、韩峥:《基于混沌理论的煤炭产业技术创新系统研究》, 载《山西农业大学学报》(社会科学版) 2011年第2期。

[87] 明星:《北京市软件和信息服务业创新转型路径图》, 载《中关村》2012年第2期。

[88] 潘登、洪国珲、郝峥嵘:《十年跨越300亿 首都经济推进器》, 载《中国电子报》2011年9月25日。

[89] Charles, J., Information Resources and Economic Productivity. *Information Economics and Policy*, Vol. 1, No. 1, 1983, pp. 13 – 35.

[90] Gurmukh Gill, K., Dennis Pastore, Jesus C. Dumaga, Isaac Turk, Economy – Wide and Industry – Level Impact of Information Technology. *Management Science*, No. 4, 1997, pp. 31 – 60.

[91] Marquez, C. G. J., International Comparisons of Productivity Growth: the Role of Information Technology and Regulatory Practice. *Labour Economics*, Vol. 11, No. 1, 2004, pp. 33 – 58.

[92] Utterback, J. M., W. J. A., A Dynamic Model of Process and Product Innovation. *Omega*, Vol. 3, No. 6, 1975, pp. 639 – 656.

[93] Gort, M., S. K., Time Paths in the Diffusion of Product Innovations. *The Economic Journal*. Vol. 92, No. 367, 1982, pp. 630 – 653.

[94] Franco, M., Innovation and the Dynamics and Evolution of Industries: Progress and Challenges. *International Journal of Industrial Organization*, Vol. 25, No. 4, 2007, pp. 675 – 699.

[95] Klepper, S., G. E., The Evolution of New Industries and the Determinants of Market Structure. *The RAND Journal of Economics*, Vol. 21, No. 1, 1990, pp. 27 – 44.

[96] Hopenhayn, H. A., Entry, Exit, and Firm Dynamics in Long Run Equilibrium. *Econometrica: Journal of the Econometric Society*, Vol. 60, No. 5, 1992, pp. 1127 – 1150.

[97] Jovanovic, B., M. G., The Life – cycle of A Competitive Industry. *Journal of Political Economy*, Vol. 102, No. 2, 1994, pp. 322 – 347.

[98] Abernathy, W. J., J. M. U., Patterns of Industrial Innovation. *Technology review*, Vol. 80, No. 7, 1978, pp. 40 – 47.

[99] Agarwal, R., G. M., The Evolution of Markets and Entry, Exit and Survival of Firms. *The Review of Economics and Statistics*, Vol. 78, No. 3, 1996, pp. 489 – 498.

[100] Klepper, S., Entry, Exit, Growth, and Innovation Over the Product Life Cycle. *The American Economic Review*, Vol. 86, No. 3, 1996, pp. 562 – 583.

[101] Audretsch, D. B., *Innovation and Industry Evolution*. Cambridge: The MIT Press, 1995, pp. 55 – 89.

[102] Antonelli, C., The Business Governance of Localized Knowledge: An Information Economics Approach for the Economics of Knowledge. *Industry and Innovation*, Vol. 13, No. 3, 2006, pp. 227 – 261.

[103] Marshall, A., *Principles of Economics*. New York: Cosimo Classics, 2009, pp. 99 – 123.

[104] Nelson, R. R., S. G. W., *An Evolutionary Theory of Economic Change*. Cambridge: Belknap press, 1982, pp. 86 – 102.

[105] Nelson, R. R., *National Innovation Systems: A Comparative Analysis*. Oxford: Oxford University Press, 1993, pp. 3 – 75.

[106] Petty, S. W., *Political Arithmetic*. Hull: Economic Writings of Sir William Petty, 1690, P. 274.

[107] Rostow, W. W., The Take – off into Self – sustained Growth. *The Economic Journal*, Vol. 66, No. 261, 1956, pp. 25 – 48.

[108] David, A. Pau, Why are Institutions the Carriers of History? Path Dependence and the Evolution of Conventions, Organisations and Institutions. *Structural Change and Economic Dynamics*, Vol. 5, No. 2, 1994, pp. 205 – 220.

[109] Schumpeter, J., B. U., *Joseph Alois Schumpeter*. Boston: Springer, 2003, pp. 61 – 116.

[110] Carroll, G. R., H. M. T., *Organizations in Industry: Strategy, Structure and Selection*. Oxford: Oxford University Press, 1995, pp. 215 – 221.

[111] Fölster, S., T. G., Industry Evolution and R&D Externalities. *Journal of Economic Dynamics and Control*, Vol. 21, No. 10, 1997, pp. 1727 – 1746.

[112] Yin – Wang Kwo, R. and B. K. – Y. Au, The Information Industry, Multinational Corporations and Urbanisation in the Pacific Asian Countries: A Research Agenda. *Habitat International*, Vol. 10, No. 2, 1986, pp. 115 – 131.

[113] Association, J. I. S. I., Information Services Industry in Japan 1993 and 1992. Japan Information Service Industry Association, 1993.

[114] Nilsen, K., Canadian Government Electronic Information Policy. *Government Information Quarterly*, Vol. 10, No. 2, 1993, pp. 203 – 220.

[115] Morton, B., Canadian Federal Government Policy and Canada's Electronic Information Industry. *Government Information Quarterly*, Vol. 12, No. 3, 1995, pp. 251 – 295.

[116] Swarupanandan, K., K. Pillai, S. Basha, Evolutionary Trends in the Information Industry: Some Preliminary Observations. *Library Science with a Slant to Documentation and Information Studies*, Vol. 32, No. 1, 1995, pp. 31 – 40.

[117] Eliasson, G. and C. Eliasson, The Computer & Communications Industry – A Chronicle of Events that Mark the Experimental Evolution of a New Information Industry. G. Eliasson, 1996.

[118] Middleton, M., Information Policy and Infrastructure in Australia. *Journal of Government Information*, Vol. 24, No. 1, 1997, pp. 9 – 25.

[119] Braim, S., Policy Evolution in the Information Economy: An Assessment of the Victoria 21 strategy. *Telecommunications Policy*, Vol. 22, No. 4 – 5, 1998, pp. 443 – 452.

[120] Cornella, A., Information Policies in Spain. *Government Information Quarterly*, Vol. 15, No. 2, 1998, pp. 197 – 220.

[121] Houghton, J. W., Mapping Information Industries and Markets. *Telecommunications Policy*, Vol. 23, No. 10 – 11, 1999, pp. 689 – 699.

[122] Choung, J. Y., H. R. Hwang, H. Yang, The Co – evolution of Technology and Institution in the Korean Information and Communications Industry. *International Journal of Technology Management*, Vol. 36, No. 1, 2006, pp. 249 – 266.

[123] Knight, F. H. Risk, *Uncertainty, and Profit*. Washington, DC: Beard Books, 2002, pp. 88 – 123, 209.

[124] Ein – dor, P., M. M. D., Raman, K. S., Information Technology in Three Small Developed countries. *Journal of Management Information Systems*, Vol. 13, No. 4, 1997, pp. 61 – 89.

[125] Landrum, H., V. R. Prybutok, A Service Quality and Success Model for the Information Service Industry. *European Journal of Operational Research*, Vol. 156, No. 3, 2004, pp. 628 – 642.

[126] Leewongcharoen, F. B. T. K., Factors Contributing to IT Industry Success in Developing Countries: The Case of Thailand. *Information Technology for Development*, Vol. 11, No. 2, 2005, pp. 161 – 194.

[127] Hsu, T. C. , An Empirical Study on Capital of Structure Determining Factor – TSE Listed Information Electronics Industry as an Example. *Electronic Information Report*, Vol. 27, No. 45, 2006, pp. 1 – 15.

[128] Chen, M. , S. C. Wang, The Critical Factors of Success for Information Service Industry in Developing International Market: Using Analytic Hierarchy Process (AHP) Approach. *Expert Systems with Applications*, Vol. 37, No. 1, 2010, pp. 694 – 704.

[129] Haken, H. , *Synergetics – An introduction: Non – equilibrium Phase Transitions and Self – organization in Physic*s. Berlin: Spring – Verlag: Chemistry, and Biology, 1977, pp. 216 – 247.

[130] Lau, H. F. , Industry Evolution and Internationalization Processes of Firms from A Newly Industrialized Economy. *Journal of Business Research*, Vol. 56, No. 10, 2003, pp. 847 – 852.

[131] Malerba, F. , et al, Competition and Industrial Policies in A History Friendly' model of the Evolution of the Computer Industry. *International Journal of Industrial Organization*, Vol. 19, No. 5, 2001, pp. 635 – 664.

[132] Lei, D. T. , Industry Evolution and Competence Development: The Imperatives of Technological Convergence. *International Journal of Technology Management*, Vol. 19, No. 7, 2000, pp. 699 – 738.

[133] Beardsell, M. , V. , Henderson. Spatial Evolution of the Computer Industry in the USA. *European Economic Review*, Vol. 43, No. 2, 1999, pp. 431 – 456.

[134] Ernst, D. , Catching – up Crisis and Industrial Upgrading: Evolutionary Aspects of Technological Learning in Korea's Electronics Industry. *Asia Pacific Journal of Management*, Vol. 15, No. 2, 1998, pp. 247 – 283.

[135] Haken, H. , *Information and Self – organization: A Macroscopic Approach to Complex Systems*. Berlin & New York: Springer – Verlag, 1988, pp. 201 – 256.

[136] Schumperter, J. and U. Backhaus, *Joseph Alois Schumpeter*, Boston: Springer, 2003, pp. 61 – 116.

[137] Forreste, J. W. , *Industrial Dynamics*. Cambridge: MIT Press, 1961, pp. 49 – 115.

[138] Roberts, E. B. , *Managerial Applications of System Dynamics*. Cambridge: Cambridge Press, 1978, pp. 80 – 105.

[139] Warren, K. , Improving Strategic Management With the Fundamental Principles of System Dynamics. *System Dynamics Review*, Vol. 21, No. 4, 2005, pp. 329 –

350.

[140] Kanungo, S., Using System Dynamics to Operationalize Process Theory in Information Systems Research. In Proceedings of the 24th International Conference on Information Systems, 2003.

[141] M. Kennedy, The Role of System Dynamics Models in Improving the IS Investment Appraisal. In Proceedings of the 19th International Conference of the System Dynamics Society, 2007.

[142] Agarwal, A., Shankar, R., Mandal, P., Effectiveness of Information Systems in Supply Chain Performance: A System Dynamics Study. *International Journal of Information Systems and Change Management*, Vol. 1, No. 3, 2006, pp. 241 – 261.

[143] Currie, W. L., J. P., Winch, G., Evaluating Application Service Provisioning Using System Dynamics Methodology. *British Journal of Management*, Vol. 18, No. 2, 2007, pp. 172 – 191.

[144] Janamanchi, B., B. J., Reducing Bullwhip Oscillation in a Supply Chain: a System Dynamics Model – based Study. *International Journal of Information Systems and Change Management*, Vol. 2, No. 4, 2007, pp. 97 – 124.

[145] Diker, V. G., Building a Theory of Open Online Collaboration Using System Dynamics Modeling. In Proceedings of the 21st International Conference of the System Dynamics Society, 2003.

[146] Baumol, W. J., B. J., Chaos Significance, Mechanism, and Economic Applications. *Journal of Economic Perspectives*, Vol. 3, No. 1, 1989, pp. 77 – 105.

[147] TY. Li, J. A. Yorke, Period Three Implies Chaos. *American Mathematical Monthly*, Vol. 82, No. 10, 1975, pp. 985 – 992.

[148] Grassberger, P., Procassia, E., Characterization of Strange Attractors. *Physical Review Letter*, Vol. 50, No. 5, 1983, pp. 346 – 349.

[149] Takens, F., Detecting Strange Attractors in Turbulence. *Dynamical Systems and Turbulence*, Vol. 898, No. 1, 1981, pp. 366 – 381.

[150] Palis, J., T. F., *Hyperbolicity and Sensitive Chaotic Dynamics at Homoclinic Bifurcations: Fractal Dimensions and Infinitely Many Attractors*. Cambridge: Cambridge University Press, 1995, pp. 18 – 45.

[151] F. Takens, On the Numerical Determination of the Dimension of an Attractor. *Lecture Notes in Mathematics*, Vol. 1125, No. 1, 1985, pp. 99 – 106.

后 记

在本书成稿、即将付梓之际，回顾走过的路，万千感谢之情仅付之文字。

感谢我的导师孙宝文教授。自入学至今，导师就以丰富渊博的学识、严谨的治学态度、敏锐创新的思维、忘我的工作态度、谦和的为人深深影响和改变着我，为我树立了终身的学习榜样。这些年来，导师在学术、科研、生活等各方面给予我很多帮助。特别是在本书撰写期间，从选题、论文构思、论文结构、资料收集、论文表述，直至最后定稿，每一环节无不凝聚了导师的心血。

感谢在我撰写本书期间给予我帮助的各位老师。在此感谢信息学院朱建明教授一直以来给予我的关心和鼓励。感谢张巍教授、王天梅教授、章宁教授、韩文英副教授、李雪峰副教授、涂艳教授热情无私地为我提供一切力所能及的支持，与我交流并开拓我的思路，指出本书写作中的不足，帮我收集整理数据资料，以及在学术研究上对我的启迪。感谢统计学院周凌瑶老师在计量经济学方面的热心帮助。感谢北京交通大学王超博士在系统动力学 Vensim 软件使用方面的指导。感谢同事李楠多次给我修改英文摘要。这些都是我如期完成本书的重要保证。

感谢我的同学兼朋友，杨姗媛同学、杨菁同学、赵岩同学、阿不都同学、黄益方同学、何毅师弟、鞠彦辉师弟从不同方面帮助我，并在精神上鼓励和支持我，让我结识到了一生中难得的良师益友。

感谢我的父亲、母亲、公公、婆婆、丈夫和女儿，没有他们的鼓励、支持和帮助，我不可能顺利完成本书的撰写。父亲和母亲每次在我气馁时都能给予我积极正面的鼓励，没有他们，我不可能坚持完成博士论文。感谢公公和婆婆，他们承担起照顾女儿睿睿的职责，让我有时间撰写博士论文。感谢我的丈夫，他无限的宽容和理解使我能安心撰写博士论文。感谢我的女儿睿睿，她那稚嫩的话语和天真的笑容是消除我疲惫和紧张情绪的良方。

本书的写作过程，让我在不断坚持和豁然回首中得到了成长。回顾往昔，我困惑过、快乐过、消沉过、欣喜过。不管怎样，这些都是我人生永远的回忆与财富。

马振萍

2018 年 5 月 6 日于中央财经大学